HERNANDES DIAS LOPES

PAULO

O MAIOR LÍDER DO CRISTIANISMO

© 2009 por Hernandes Dias Lopes

1ª edição: setembro de 2009
14ª reimpressão: junho de 2025

Revisão: Josemar de Souza Pinto e Raquel Fleischner
Diagramação: Printmark
Capa: Maquinaria Studio
Editor: Aldo Menezes
Coordenador de produção: Mauro Terrengui
Impressão e acabamento: Imprensa da Fé

As opiniões, interpretações e conceitos desta obra são de responsabilidade de quem a escreveu e não refletem necessariamente o ponto de vista da Hagnos.

Todos os direitos desta edição reservados à
EDITORA HAGNOS LTDA.
Rua Geraldo Flausino Gomes, 42, conj. 41
CEP 04575-060 — São Paulo, SP
Tel.: (11) 5990-3308

E-mail: editorial@hagnos.com.br | Home page: www.hagnos.com.br
Editora associada à Associação Brasileira de Direitos Reprográficos (ABDR)

Dados Internacionais de Catalogação na Publicação (CIP)

Lopes, Hernandes Dias
Paulo: o maior líder do cristianismo / Hernandes Dias Lopes. — São Paulo: Hagnos, 2009.

ISBN 978-85-7742-062-9

Bibliografia

1. Cristianismo: origem   2. Igreja: história   3. Paulo: apóstolo: líder cristão   I. Título

05-07006   CDD 270.092

Índices para catálogo sistemático:

1. Paulo: apóstolo: cristianismo: origem: história   270.092

Angélica Ilacqua CRB-8/7057

Dedicatória

Dedico este livro ao meu precioso amigo e irmão rev. Samuel Vieira, pastor de almas, pregador ilustrado, conselheiro sábio, líder experimentado, amigo mais chegado que irmão.

Sumário

Prefácio 7

1. Um religioso memorável 9
2. Um perseguidor implacável 15
3. Um touro indomável 25
4. Uma pedra bruta lapidada 31
5. Semeando com lágrimas, colhendo com júbilo 41
6. Uma agenda estabelecida no céu 55
7. Uma despedida regada de emoções 77
8. Uma saraivada de problemas 89
9. Um homem sob ataque 115
10. A viagem de Paulo a Roma 129
11. A primeira prisão em Roma 143
12. A segunda prisão em Roma e o martírio 151

Prefácio

O apóstolo Paulo foi, certamente, o maior evangelista, o maior teólogo, o maior missionário e o maior plantador de igrejas de toda a história do cristianismo. Plantou igrejas nas províncias da Galácia, Macedônia, Acaia e Ásia Menor. Nenhum homem exerceu tanta influência sobre a nossa civilização. Nenhum escritor foi tão conhecido. Nenhum escritor teve suas obras tão divulgadas e comentadas quanto ele. Embora tenha vivido sob fortes pressões internas e externas, não deixou jamais sua alma ficar amargurada.

Paulo foi o maior bandeirante do cristianismo, seu expoente mais ilustre, seu arauto mais eloquente, seu embaixador mais conspícuo. Pregou com zelo aos gentios e aos judeus, nas escolas, cortes, palácios, sinagogas, praças e prisão. Com a mesma motivação, pregou quando tinha fartura e também quando passava por privações. Ele enriqueceu muitos, sem nada possuir. Embora tenha experimentado fome e frio, suportado cadeias e tribulações, passado os últimos dias numa masmorra e enfrentado o martírio por ordem de um imperador insano, sua vida ainda inspira milhões de pessoas em todo o mundo.

Sua conversão extraordinária foi um divisor de águas não só em sua vida, mas também na história da humanidade. Antes dessa insólita experiência, foi o maior perseguidor do cristianismo; depois dela, tornou-se seu maior arauto. Sua vida foi vivida sempre com grande ardor e paixão. Antes de sua conversão, seu zelo sem entendimento o levou a perseguir implacavelmente os cristãos. Depois de sua conversão, seu zelo pela glória de Deus o fez gastar-se sem reservas pelos cristãos.

Convido você, leitor, a acompanhar comigo a vida desse gigante de Deus. Enquanto o veterano apóstolo nos toma pela mão e nos guia pelas veredas de suas variadas experiências, é necessário termos os olhos abertos e o coração disposto para aprender com ele preciosas e ricas lições. Que Deus nos ajude nessa gloriosa ventura!

Hernandes Dias Lopes

Capítulo 1

Um religioso memorável

Quem era esse homem que provocava verdadeiras revoluções por onde passava? Quais eram suas credenciais? Quem eram seus pais? Onde nasceu? Como foi educado? Que convicções religiosas nortearam-lhe os passos? Convido você a fazermos uma viagem rumo ao passado, entrando pelos corredores do tempo, a fim de descobrirmos essas respostas. Nossa fonte primária é a Sagrada Escritura. Dela, emanam as informações mais importantes sobre a vida, o ministério e a morte desse gigante do cristianismo. É tempo de começarmos essa viagem!

Em primeiro lugar, *Paulo era judeu por nascimento*. Em sua defesa em Jerusalém, após sua dramática prisão, teve a oportunidade de se dirigir à multidão alvoroçada, dizendo: "Eu sou judeu, nasci em Tarso da Cilícia..." (Atos 22:3). Seus pais eram judeus. O sangue que corria em suas veias era o mesmo que corria nas veias do patriarca Abraão. Ao combater a ideia errada dos falsos mestres judaizantes, que nutriam uma falsa confiança na sua linhagem judaica, Paulo responde: "Bem que eu poderia confiar também na carne. Se qualquer outro pensa que pode confiar na carne, eu ainda mais: circuncidado ao oitavo dia, da linhagem de Israel, da tribo de Benjamim, hebreu de hebreus..." (Filipenses 3:4,5). Paulo era um judeu puro sangue. Um judeu da gema. Procedia da mais importante tribo israelita, a de Benjamim.

Em segundo lugar, *Paulo foi criado dentro da fé judaica*. Paulo nasceu em Tarso da Cilícia. Seus pais o educaram na fé judaica, uma vez que foi circuncidado ao oitavo dia (Filipenses 3:5). Desde sua infância, bebeu o leite da piedade e aprendeu os preceitos da lei de Deus. Jamais foi um jovem devasso. O zelo sempre ardeu em seu peito. Seu propósito em servir a Deus foi o vetor que governou sua vida. Dominava com grande desenvoltura o conhecimento da lei e as opiniões mais importantes dos grandes mestres de sua época. Ele se destacava dentro do judaísmo. Chegou mesmo a declarar: "E, na minha nação, quanto ao judaísmo, avantajava-me a muitos da minha idade, sendo extremamente zeloso das tradições de meus pais" (Gálatas 1:14).

Em terceiro lugar, *Paulo foi educado em Jerusalém aos pés de Gamaliel*. Perante grande multidão em Jerusalém, Paulo dá seu testemunho: "... criei-me nesta cidade e aqui fui instruído aos pés de Gamaliel, segundo a exatidão da lei de nossos antepassados, sendo zeloso para com Deus, assim como todos vós o sois no dia de hoje" (Atos 22:3). Jerusalém era a cidade santa. Lá estavam os escribas e doutores da lei. Lá estavam o templo e os sacrifícios. Lá estavam a lei e as cerimônias. Lá estavam os sacerdotes e os rabinos. Lá estava o sinédrio. Essa cidade transpirava religião. Tudo girava em torno do sagrado. Na cidade de Davi, Paulo foi instruído aos pés de Gamaliel, o maior e o mais ilustre rabino daquela época, homem culto, sábio e piedoso. Ele foi instruído segundo a exatidão da lei dos seus antepassados. Conhecia bem de perto as tradições do seu povo. Sabia de cor as inúmeras regras e preceitos criados pelos anciãos. A tradição oral, fruto da interpretação meticulosa e extravagante dos escribas, era observada cuidadosamente por esse jovem brilhante.

Em quarto lugar, *Paulo tinha uma vasta cultura secular.* Paulo era um erudito. Seu conhecimento transcendia o campo religioso. Estava familiarizado com o conhecimento mais refinado de sua época. Paulo era um poliglota, ou seja, falava vários idiomas. Trafegava com desenvoltura pelos corredores do passado e citava com precisão os grandes pensadores e filósofos dos tempos antigos. Quando pregou na capital intelectual do mundo, a Atenas de Péricles, Sócrates, Platão e Aristóteles, não hesitou em citar alguns poetas atenienses (Atos 17:28). Quando escreveu a Tito, na ilha de Creta, fez referência a Epimênides, um filósofo cretense, do século 6º a.C (Tito 1:12). Paulo tinha uma cultura enciclopédica. Festo, mesmo fazendo troça do apóstolo, precisou se curvar à realidade insofismável de que Paulo era um homem de muitas letras (Atos 26:24). O próprio apóstolo Pedro faz referência à sabedoria de Paulo, dizendo que ele escreveu coisas difíceis de entender, que os ignorantes e instáveis deturpam para sua própria destruição (2Pedro 3:15,16).

Em quinto lugar, *Paulo era fariseu, membro da seita mais rigorosa dos judeus*. Escrevendo aos filipenses, descreveu sua vida pretérita nestes termos: "... quanto à lei, [eu era] fariseu..." (Filipenses 3:5). Diante do rei Agripa, quando estava sendo acusado, em Cesareia, disse: "... porque vivi fariseu conforme a seita mais severa da nossa religião" (Atos 26:5). Como fariseu, Paulo era zeloso da lei. Como fariseu, era extremamente zeloso das tradições de seus pais (Gálatas 1:14). Como fariseu, frequentava assiduamente a sinagoga. Como fariseu, dava o dízimo criteriosamente e jejuava regularmente. Ele chega a afirmar que, quanto à justiça que há na lei, era irrepreensível (Filipenses 3:6). Os fariseus eram os separados. Eles compunham o grupo religioso mais ortodoxo de Israel. Os fariseus estavam do lado oposto dos saduceus, grupo religioso que negava a ressurreição e a existência dos anjos.

Em sexto lugar, *Paulo era membro do sinédrio judaico*. Paulo era o maior embaixador do sinédrio judaico no sentido de promover a fé de seus pais. Por outro lado, era o braço estendido desse mesmo sinédrio para neutralizar ou desbaratar qualquer nova vertente religiosa que colocasse em risco sua tradição religiosa. O sinédrio era o concílio maior dos judeus, composto de setenta homens maduros, cuja função principal era legislar e julgar a vida religiosa e moral do povo judeu. Governado especialmente pelos sacerdotes, da seita dos saduceus, tinha nos fariseus seus membros mais zelosos da lei (Atos 23:6). Ser membro do sinédrio era ser considerado um dos principais dos judeus (João 3:1). Esse posto de honra dava-lhe projeção e grande destaque na sociedade. Era um homem respeitado pelo seu conhecimento, pela sua religiosidade e pelo zelo com que se devotava à causa do seu povo.

Em sétimo lugar, *Paulo era um cidadão romano*. Paulo, mesmo sendo filho de judeus, era cidadão romano (Atos 22:27), pois nasceu numa província romana, em Tarso da Cilícia. Recebeu o título de cidadão romano não mediante o pagamento de grande soma de dinheiro (Atos 22:28a), mas por direito de nascimento (Atos 22:28b). Um cidadão romano gozava de certos privilégios. Ele não podia ser açoitado (Atos 22:25). Paulo não hesitou em lançar mão desse privilégio sempre que necessário. Pelo menos duas vezes essa credencial de Paulo o livrou das mãos das autoridades. A primeira vez, na cidade de Filipos, colônia romana, onde Paulo foi açoitado e preso ilegalmente. Quando os pretores, as autoridades locais, souberam que Paulo era romano, ficaram cheios de temor e precisaram se desculpar com o apóstolo (Atos 16:35-40). A segunda vez, quando Paulo foi preso em Jerusalém e estava sendo amarrado, para ser interrogado sob açoites, em vista do alvoroço da multidão tresloucada. Paulo pergunta: "... Ser-vos-á, porventura, lícito açoitar um cidadão romano, sem estar condenado?" (Atos 22:25). Paulo não fazia propaganda de suas prerrogativas, mas jamais deixou de usá-las quando isso se fazia necessário. Humildade não é se esconder. Os humildes não tocam trombeta fazendo alarde de seu conhecimento, poder ou influência. Os humildes não querem ser menos do que são; mas jamais deixam de afirmar o que são, quando isso contribui para a promoção do bem.

Capítulo 2

Um perseguidor implacável

O zelo sem entendimento pode ser uma arma perigosíssima. Muitos crimes hediondos têm sido praticados em nome de Deus. Com Paulo, não foi diferente. Ele foi um perseguidor implacável (Gálatas 1:13). Ele usou sua influência e força para esmagar os discípulos de Cristo. Perseguiu Cristo (Atos 26:9), a religião de Cristo (Atos 22:4) e os seguidores de Cristo (Atos 26:11).

Paulo foi o mais severo perseguidor da igreja em seus albores. Olhando pelo retrovisor, fazendo uma retrospectiva do seu passado, escreveu a Timóteo: "a mim, que, noutro tempo, era blasfemo, e perseguidor, e insolente..." (1Timóteo 1:13). Ele feria os cristãos com a língua e com os punhos. Fazia isso com arrogância e soberba. Usava os instrumentos legais e também a truculência física.

Paulo é visto como perseguidor

Ressaltamos, aqui, alguns pontos importantes:

Paulo via a si mesmo como perseguidor. Ao escrever à igreja de Corinto, diz que se considerava o menor dos apóstolos e até não era digno de ser chamado apóstolo, uma vez que havia perseguido a igreja de Deus (1Coríntios 15:9). Escrevendo aos gálatas, testemunha: "Porque ouvistes qual foi o meu proceder outrora no judaísmo, como sobremaneira perseguia eu a Igreja de Deus e a devastava" (Gálatas 1:13). Diante do povo de Jerusalém, confessou: "Persegui este Caminho até à morte, prendendo e metendo em cárceres homens e mulheres" (Atos 22:4). Diante do rei Agripa, ele testemunhou: "Na verdade, a mim me parecia que muitas cousas devia eu praticar contra o nome de Jesus, o Nazareno; e assim procedi em Jerusalém. Havendo eu recebido autorização dos principais sacerdotes, encerrei muitos dos santos nas prisões; e contra estes dava o meu voto, quando os matavam. Muitas vezes, os castiguei por todas as sinagogas, obrigando-os até a blasfemar. E, demasiadamente enfurecido contra eles, mesmo por cidades estranhas os perseguia" (Atos 26:9-11).

Cristo o viu como perseguidor. Quando Paulo, enfurecidamente, ia para Damasco com o propósito de manietar e trazer amarrados os discípulos de Cristo para Jerusalém a fim de lançá-los na prisão, Cristo apareceu-lhe, de maneira gloriosa, na estrada de Damasco, perguntando-lhe: "... Saulo, Saulo, por que me persegues? Dura cousa é recalcitrares contra os aguilhões" (Atos 26:14). Perseguir a igreja é perseguir Cristo. Perseguir os membros do Corpo é perseguir a Cabeça do Corpo. Perseguir a noiva é perseguir o Noivo. Paulo não estava apenas se levantando contra homens, mas contra o próprio Deus. Aqueles que ferem os santos de Deus tocam na menina dos olhos de Deus.

O povo de Damasco o viu como perseguidor. O zelo sem entendimento pode levar um homem a fazer loucuras. Paulo atacou furiosamente os cristãos. Ananias, morador de Damasco, disse ao Senhor acerca dele: "... Senhor, de muitos tenho ouvido a respeito desse homem, quantos males tem feito aos teus santos em Jerusalém; e para aqui trouxe autorização dos principais sacerdotes para prender a todos os que invocam o teu nome" (Atos 9:13,14). O mesmo aconteceu logo que começou a pregar em Damasco. A reação do povo foi imediata: "Ora, todos os que o ouviam estavam atônitos e diziam: Não é este o que exterminava em Jerusalém os que invocavam o nome de Jesus e para aqui veio precisamente com o fim de os levar amarrados aos principais sacerdotes?" (Atos 9:21).

Os discípulos de Jerusalém o viram como perseguidor. Quando Paulo fugiu de Damasco e foi para Jerusalém com a intenção de ser acolhido pelos discípulos, eles não acreditaram nele. Pensaram que se tratava de mais um estratagema para perseguir os cristãos. Lucas relata esse fato assim: "Tendo chegado a Jerusalém, procurou juntar-se com os discípulos; todos, porém, o temiam, não acreditando que ele fosse discípulo" (Atos 9:26).

PAULO É UM PERSEGUIDOR CRUEL E RESISTENTE

Duas descrições metafóricas ilustram a crueldade das perseguições de Paulo aos cristãos.

Primeiro, *ele é visto como uma fera selvagem*. A igreja em Jerusalém foi duramente perseguida, e muitos cristãos fugiram, pregando o evangelho (Atos 8:1-4). Alguns deles foram para Damasco. E agora, Paulo, ainda respirando ameaças e morte contra os discípulos do Senhor, dispõe-se a ir a Damasco para manietar, prender e arrastar presos para Jerusalém aqueles que professavam o nome de Cristo (Atos 9:1,2). Ele queria destruir os crentes em Jerusalém, por isso os caçava por toda parte, para trazê-los de volta a Jerusalém e ali os exterminar.

Essa expressão "respirando ameaças e morte" literalmente é a mesma para descrever uma fera selvagem que furiosamente extermina o corpo de uma presa. Na linguagem dos crentes de Damasco, Paulo era um exterminador (Atos 9:21). Paulo era um monstro celerado, um carrasco impiedoso, um perseguidor truculento, um tormento na vida dos cristãos primitivos.

A expressão "respirando ainda ameaças e morte" era também uma alusão ao arfar e ao bufar dos animais selvagens. Paulo parecia mais um animal selvagem do que um homem. Em suas próprias palavras, ele estava "demasiadamente enfurecido" (Atos 26:11). Nada é mais perigoso do que o radicalismo religioso sem entendimento. Muitas "guerras santas" já foram declaradas por causa dessa atitude ensandecida. Milhares de pessoas já morreram em nome de Deus para sustentar essa causa inglória. Muito sangue já foi derramado para satisfazer os caprichos desses religiosos dominados pelo zelo sem entendimento.

A expressão "respirando ameaças e morte" descreve também uma fera selvagem saltando sobre a presa para devorá-la. Paulo era uma fera selvagem, uma ameaça concreta para todos aqueles que confessavam o nome de Jesus. Não poupava homens nem mulheres. Perseguiu a religião do Caminho até a morte (Atos 22:4). Estava determinado a praticar muitas coisas contra o nome de Jesus, o Nazareno (Atos 26:9). Ele estava determinado a banir da terra o cristianismo. Não podia aceitar que um nazareno, crucificado como um criminoso, pudesse ser o Messias prometido de Deus. Não podia aceitar que os cristãos anunciassem a ressurreição daquele que havia sido dependurado numa cruz. Não podia crer que uma pessoa pregada na cruz e, consequentemente, considerada pecadora e maldita pudesse ser o Salvador do mundo.

Segundo, *ele é visto como um touro bravo*. O Senhor Jesus, mesmo sendo perseguido por Paulo, não abriu mão de sua vida. A fúria de Paulo pelo nome de Jesus, o Nazareno, não anulou o propósito eletivo de Deus, que escolheu Paulo antes mesmo de ele nascer e o separou para o ministério. Paulo mesmo testemunhou esse fato: "Quando, porém, ao que me separou antes de eu nascer e me chamou pela sua graça, aprouve revelar seu Filho em mim..." (Gálatas 1:15,16). Um touro bravo é amansado pelo aguilhão. O Senhor começou a ferroar sua consciência, ao mostrar como aqueles discípulos presos, torturados e mortos morriam com serenidade. O algoz estava furioso, mas as vítimas morriam cantando e orando.

Quando Estêvão foi apedrejado em Jerusalém, e se derramava o seu sangue, Paulo consentia em sua morte e guardava as vestes daqueles que o apedrejavam (Atos 22:20). Paulo, porém, recusava-se a ceder mesmo diante desses aguilhões. Como uma fera selvagem, dirigiu-se a Damasco. Respirava ameaças e morte (Atos 9:1). Seu prazer era matar em nome de Deus aqueles que abraçavam a fé cristã. Jesus então aparece-lhe em refulgente glória no caminho da Damasco, derruba-o ao chão e lhe pergunta: "... Saulo, Saulo, por que me persegues? Dura cousa é recalcitrares contra os aguilhões" (Atos 26:14). O boi bravo, enfim, estava no chão, subjugado, manso, domado (Atos 9:3-5). Uma força maior do que seu ódio entrou em seu peito. Uma luz maior do que seu zelo o dominou. Aquele a quem ele perseguia com todas as forças da sua alma, agora conquista seu coração. Quebrado e submisso, ele pergunta: "Quem és tu, Senhor?". E o Senhor responde: "Eu sou Jesus, a quem tu persegues" (Atos 26:15).

PAULO É UM PERSEGUIDOR VIOLENTO

A Bíblia faz descrições dos variados métodos usados por Paulo para perseguir os discípulos de Cristo. Vamos analisar esses métodos.

Em primeiro lugar, *Paulo perseguia os cristãos usando o recurso da lei*. Paulo usava sua influência e seu trânsito no sinédrio para munir-se de cartas de autorização dos principais sacerdotes a fim de encerrar em prisões e matar os cristãos (Atos 26:10). Sua perseguição tinha um ar de legalidade e oficialidade. Ele representava o braço repressor da lei religiosa. Ele lançava mão de artifícios legais para impor aos discípulos de Cristo as mais duras sanções. É importante ressaltar que nem tudo o que é legal é moral. Nem tudo que é lícito é conveniente. Nem tudo o que a lei permite deve ser feito. Há muitos facínoras que se escondem atrás da lei para matar e oprimir os inocentes. Há muitos espertalhões que, despudoradamente, beneficiam-se das filigranas da lei para se abastecerem e oprimirem o pobre. Há aqueles que fazem as leis, torcem-nas e as manipulam para alcançar seus propósitos escusos e inconfessos.

Em segundo lugar, *Paulo perseguia os cristãos em seus redutos religiosos*. Paulo perseguia e castigava os cristãos por todas as sinagogas em Jerusalém, bem como por cidades estranhas (Atos 26:11). Sua área de jurisdição transcendia os limites da Palestina. Suas cruzadas furiosas avançavam além dos limites de Israel e chegavam até Damasco, na Síria (Atos 9:1,2). As sinagogas eram os locais principais de reunião, onde os judeus se congregavam para estudar a lei e orar. Ali também os cristãos se reuniam para adorar Cristo e cultuá-lo. O lugar de comunhão transformou-se num palco de opressão. O abrigo da sinagoga tornou-se um corredor de perseguição. Paulo não respeitava os recintos sagrados. Ele pensava com isso estar prestando um serviço a Deus.

Em terceiro lugar, *Paulo empregava a tortura psicológica*. A perseguição impetrada por essa fera selvagem e por esse boi bravo não consistia apenas em sanções legais contra os novos convertidos. Ele os castigava não apenas fisicamente, mas também psicologicamente. Ele mesmo testemunha: "Muitas vezes, os castiguei por todas as sinagogas, obrigando-os até a blasfemar..." (Atos 26:11). Ele era blasfemo (1Timóteo 1:13) e forçava os neófitos a blasfemarem. Alguns crentes, novos na fé, com medo da morte, recuavam e blasfemavam. Outros, porém, suportavam os açoites, as prisões e a morte, permanecendo fiéis (Atos 26:10). A tortura psicológica é pior do que o castigo físico. Os campos de concentração nazistas usaram esse artifício maldito e levaram muitas pessoas à loucura. Ainda hoje, a tortura é um dos instrumentos mais aviltantes e ignominiosos, usados para arrancar confissões e declarações que incriminam as vítimas ou aqueles que se quer condenar.

Em quarto lugar, *Paulo empregava a tortura física*. Em sua carta aos Coríntios, Paulo diz que perseguiu a igreja de Deus (1Coríntios 15:9). Aos crentes da Galácia, seu relato é ainda mais contundente: "Porque ouvistes qual foi o meu proceder outrora no judaísmo, como sobremaneira perseguia eu a Igreja de Deus e a devastava" (Gálatas 1:13). Nessa perseguição, usou vários métodos:

Ele caçava os crentes por todas as partes. Paulo era um caçador implacável (Atos 9:2; 22:5; 26:9). Ele não se contentou apenas em perseguir os cristãos em Jerusalém; caçava-os por todas as cidades estranhas. Agora, escoltado por uma soldadesca do sinédrio, marcha para Damasco, capital da Síria, para prender os cristãos e levá-los manietados para Jerusalém (Atos 9:2). Seu propósito em prender os cristãos em Damasco era trazê-los para Jerusalém e puni-los, exatamente no local onde eles afirmavam que Jesus havia ressuscitado (Atos 22:5). Sua intenção não era apenas castigar os cristãos, mas jogar uma pá de cal no cristianismo.

Seu ódio, na verdade, não era propriamente contra os cristãos, mas contra Cristo. Ele testemunha ao rei Agripa: "Na verdade, a mim me parecia que muitas coisas devia eu praticar contra o nome de Jesus, o Nazareno" (Atos 26:9). Escrevendo a seu filho Timóteo, Paulo testemunha: "a mim, que, noutro tempo, era blasfemo, e perseguidor, e insolente..." (1Timóteo 1:13). Paulo, ao perseguir a igreja, estava perseguindo o próprio Cristo. Por isso, quando Jesus aparece-lhe no caminho de Damasco, pergunta: "Saulo, Saulo, por que me persegues?" (Atos 9:4). Ele então indaga: "Quem és tu, Senhor?". E a resposta foi: "Eu sou Jesus, o Nazareno, a quem tu persegues" (Atos 9:5). Diante do sinédrio, Paulo disse: "Persegui este Caminho até à morte, prendendo e metendo em cárceres homens e mulheres" (Atos 22:4). O povo de Damasco, ao ouvir a pregação de Paulo, logo depois da sua conversão, reafirma como Paulo perseguiu de forma implacável os crentes: "... Não é este o que exterminava em Jerusalém os que invocavam o nome de Jesus e para aqui veio precisamente com o fim de os levar amarrados aos principais sacerdotes?" (Atos 9:21).

Ele manietava os crentes. Ao entrar nas sinagogas, Paulo não apenas dava ordem de prisão aos crentes, mas os amarrava e os levava assim aos principais sacerdotes (Atos 9:21). Ele corrobora: "... e ia para Damasco, no propósito de trazer manietados para Jerusalém os que também lá estivessem, para serem punidos" (Atos 22:5).

Ele encerrava os crentes em prisões. O propósito de Paulo em ir a Damasco era descobrir lá alguns crentes a fim de levá-los presos para Jerusalém (Atos 9:2). Ele diz ao povo de Jerusalém: "Persegui este Caminho até à morte, prendendo e metendo em cárceres homens e mulheres"

(Atos 22:4). Depois de sua conversão, quando Deus o mandou sair de Jerusalém, Paulo tentou argumentar com Deus, dizendo: "... Senhor, eles bem sabem que eu encerrava em prisão [...] os que criam em ti" (Atos 22:19).

Ele açoitava os crentes. Paulo não somente acorrentava e prendia os cristãos, mas também os castigava fisicamente (Atos 22:5). Ele disse: "... Senhor, eles bem sabem que eu [...] açoitava os que criam em ti" (Atos 22:19). Diante de Agripa, Paulo declara: "Muitas vezes, os castiguei por todas as sinagogas, obrigando-os até a blasfemar. E, demasiadamente enfurecido contra eles, mesmo por cidades estranhas os perseguia" (Atos 26:11). Paulo era um carrasco, um homem truculento, selvagem, bárbaro, um monstro celerado em seu zelo ensandecido.

Ele matava os crentes. Paulo não apenas caçava os crentes como uma fera selvagem caça a sua presa, como também os devorava. Ele não apenas os acorrentava, prendia e açoitava, mas também os matava. Ele devastava a igreja. Sempre que o sinédrio deliberava sobre a morte dos crentes encerrados em prisão, Paulo dava seu voto para que fossem mortos. Diz ele: "e assim procedi em Jerusalém. Havendo eu recebido autorização dos principais sacerdotes, encerrei muitos dos santos nas prisões; e contra estes dava o meu voto, quando os matavam" (Atos 26:10). Diante da multidão amotinada de Jerusalém, Paulo testemunhou: "Quando se derramava o sangue de Estêvão, tua testemunha, eu também estava presente, consentia nisso e até guardei as vestes dos que o matavam" (Atos 22:20).

CAPÍTULO 3

UM TOURO INDOMÁVEL

A conversão de Paulo foi a mais importante da história. Talvez nenhum fato seja mais marcante na história da igreja depois do Pentecostes. Nenhum homem exerceu tanta influência no cristianismo. Nenhum homem foi tão notório na história da humanidade. Lucas ficou tão impressionado com a importância da conversão de Paulo que ele a relata três vezes em Atos (Atos 9, 22, 26).

Destacamos alguns pontos sobre a conversão de Paulo.

PAULO NÃO SE CONVERTEU; ELE FOI CONVERTIDO

A causa da conversão de Paulo foi a graça soberana de Deus. Ele não se decidiu por Cristo; estava perseguindo Cristo. Na verdade, foi Cristo quem se decidiu por ele.

Paulo estava caçando os cristãos para prendê-los, e Cristo estava caçando Paulo para salvá-lo (Atos 9:1-6). Não era Paulo que estava buscando a Jesus; era Jesus quem estava buscando a Paulo. A salvação de Paulo não foi iniciativa dele; foi iniciativa de Jesus. Não foi Paulo quem clamou por Jesus; foi Jesus quem chamou pelo nome de Paulo. A salvação é obra exclusiva de Deus. Não é o homem que se reconcilia com Deus; é Deus quem está em Cristo reconciliando consigo o mundo (2Coríntios 5:18). Paulo não é salvo por seus méritos; ele era uma fera selvagem, um perseguidor implacável, um assassino insensível. Seus predicados religiosos, nos quais confiava (circuncidado, fariseu, hebreu de hebreus, da tribo de Benjamim), ele considerou como esterco (Filipenses 3:8, ARC). A nossa justiça aos olhos de Deus não passa de trapo de imundícia (Isaías 64:6)

PAULO ERA UM TOURO BRAVO QUE RESISTIU AOS AGUILHÕES

A conversão de Paulo não foi de maneira nenhuma repentina. De acordo com a própria narrativa de Paulo, Jesus lhe disse: "... Dura cousa é recalcitrares contra os aguilhões" (Atos 26:14). Jesus comparou Paulo com um touro jovem, forte e obstinado, e ele mesmo, a um fazendeiro que usa aguilhões para domá-lo.

Deus já estava trabalhando na vida de Paulo antes de ele se render no caminho de Damasco. Paulo era como um touro bravo que recalcitrava contra os aguilhões (Atos 26:14). Jesus já estava ferroando sua consciência quando ele viu Estêvão sendo apedrejado e com rosto de anjo pedir ao Senhor para perdoar seus algozes. A oração de Estêvão ainda latejava na alma de Paulo.

Jesus estava ferroando a consciência de Paulo quando ele prendia os cristãos e dava seu voto para matá-los, e eles morriam cantando. Mas, como esse boi selvagem não amansou com as ferroadas, Jesus apareceu a ele, o derrubou ao chão e o subjugou totalmente no caminho de Damasco. Isso nos prova que a eleição de Deus é incondicional, que a graça de Deus é irresistível, e que seu chamado é irrecusável. Paulo precisou ser jogado ao chão e ficar cego para se converter. Nabucodonosor precisou ir para o campo comer capim com os animais para se dobrar. Até quando você vai resistir à voz do Espírito de Deus?

A conversão de Paulo no caminho de Damasco era o clímax repentino de um longo processo em que o "Caçador dos céus" tinha estado em seu encalço. Curvou-se a dura cerviz autossuficiente. O touro estava domado.

PAULO ERA UM INTELECTUAL QUE RESISTIU À LÓGICA DIVINA (ATOS 9:4-8)

Se a conversão de Paulo não foi repentina, também não foi compulsiva. Cristo falou com ele em vez de esmagá-lo. Cristo o jogou ao chão, mas não violentou sua personalidade. Sua conversão não foi um transe hipnótico. Jesus apelou para sua razão e para seu entendimento.

Jesus perguntou: "Saulo, Saulo, por que me persegues?". Paulo respondeu: "Quem és tu, Senhor?". Jesus respondeu: "Eu sou Jesus, a quem tu persegues". Jesus ordenou: "Mas levanta-te", e Paulo prontamente obedeceu! A resposta e a obediência de Paulo foram racionais, conscientes e livres.

A soberania de Deus não anula a responsabilidade humana. Jesus picou a mente e a consciência de Paulo com os seus aguilhões. Então ele se revelou através da luz e da voz, não para esmagá-lo, mas para salvá-lo. A graça de Deus não aprisiona. É o pecado que prende. A graça liberta!

Paulo foi um homem completamente transformado (Atos 9:3-20)

Destacamos três fatos benditos sobre essa súbita conversão de Paulo:

Em primeiro lugar, *uma gloriosa manifestação de Jesus* (Atos 9:3-6). Três coisas aconteceram a Paulo:

Paulo viu uma luz (Atos 22:6,11). Subitamente, uma grande luz do céu brilhou ao seu redor. Aquilo não foi uma miragem, um êxtase, uma visão subjetiva. Foi uma grande luz do céu tão forte que lhe abriu os olhos da alma e tirou-lhe a visão física. Ele ficou cego por causa do fulgor daquela luz (Atos 22:11). Não foi apenas uma luz que apareceu a Paulo, mas o próprio Jesus (Atos 9:17). Aquela luz era a glória do próprio Filho de Deus ressurreto.

Paulo caiu por terra (Atos 22:7). O touro furioso, selvagem e indomável estava subjugado. Aquele que prendia estava preso. Aquele que encerrava em prisão estava dominado. Aquele que se achava detentor de todo o poder para perseguir estava prostrado ao chão, impotente. O Senhor quebrou todas as suas resistências.

Paulo ouviu uma voz (Atos 22:7). O mesmo Jesus que ferroara sua consciência com aguilhões troveja, agora, aos seus ouvidos, desde o céu: "... Saulo, Saulo, por que me persegues? Dura cousa é recalcitrares contra os aguilhões" (Atos 26:14). A voz do Senhor é poderosa. Ela despede chamas de fogo. Faz tremer o deserto. É irresistível. Paulo então perguntou: "... quem és tu, Senhor? Ao que Jesus respondeu: "... Eu sou Jesus, o Nazareno, a quem tu persegues" (Atos 22:8). O mesmo Paulo que perseguia a Jesus (Atos 26:9) chama, agora, Jesus de Senhor. Ele se curva. Ele se prostra. O boi selvagem foi subjugado! Não há salvação sem que o pecador se renda aos pés do Senhor Jesus.

Em segundo lugar, *uma humilde entrega de Paulo* (Atos 22:8,10). Três coisas devem ser destacadas:

Paulo reconhece que Jesus é o Senhor (Atos 22:8). Aquele a quem ele resistira e perseguira é de fato o Senhor. Verdadeiramente, ele ressuscitou dentre os mortos. Verdadeiramente, ele é o Messias, o Filho de Deus. Aquela luz brilhou na sua alma, iluminou seu coração, tirou as escamas dos seus olhos espirituais (2Coríntios 3:16).

Paulo reconhece que é pecador (Atos 22:8). Paulo toma conhecimento de que seu zelo religioso não agradava a Deus. Na verdade, estava perseguindo o próprio Filho de Deus. Ele reconhece que é o maior de todos os pecadores. Reconhece que está perdido e precisa da salvação.

Paulo reconhece que precisa ser guiado pelo Senhor (Atos 22:10). A autossuficiência de Paulo acaba no caminho de Damasco. Ele agora pergunta: "... que farei, Senhor?..." (Atos 22:10). Agora quer ser guiado! Está pronto a obedecer. Ele que esperava entrar em Damasco na plenitude de seu orgulho e bravura, como um autoconfiante adversário de Cristo, estava sendo guiado por outros, humilhado e cego, capturado pelo Cristo a quem se opunha. O Senhor ressurreto aparecera a ele. A luz que viu era a glória de Cristo, e a voz que ouviu era a voz de Cristo. Cristo o capturou antes que ele pudesse capturar qualquer crente em Damasco.

Em terceiro lugar, *uma evidência incontestável da conversão de Paulo* (Atos 9:10-20). Três verdades nos provam essa tese:

Paulo evidencia sua conversão pela vida de oração (Atos 9:10,11). A prova que Deus deu a Ananias de que Paulo agora era um irmão, e não um perseguidor, é que ele estava orando. Quem nasce de novo tem prazer de clamar "Aba Pai". Quem é salvo tem prazer na comunhão com o Pai. Paulo é convertido e logo começa a orar!

Paulo evidencia sua conversão pelo recebimento do Espírito Santo (Atos 9:17). Ananias impõe as mãos sobre ele, e ele recebe o Espírito e fica cheio do Espírito Santo. Charles Spurgeon disse que é mais fácil você convencer um leão a ser vegetariano do que uma pessoa ser convertida sem a ação do Espírito Santo.

Paulo evidencia sua conversão pelo recebimento do batismo (Atos 9:18). Não é o batismo que salva, mas o salvo deve ser batizado. O batismo é um testemunho da salvação. Uma pessoa que crê precisa ser batizada e integrada na igreja. Ananias chamou Paulo de irmão. Ele entrou para a família de Deus.

Capítulo 4

UMA PEDRA BRUTA LAPIDADA

Depois de convertido, logo Paulo se transforma em pregador do evangelho. Em vez de perseguir os cristãos, promove a fé evangélica. Em vez de tapar a boca dos cristãos, abre a boca para testemunhar do nome de Jesus. Destaco três mudanças radicais que aconteceram na vida de Paulo depois de sua conversão:

Em primeiro lugar, *de agente de morte a pregador do evangelho*. Paulo tornou-se um embaixador de Cristo, um pregador do evangelho imediatamente após sua conversão (Atos 9:20). Deus mesmo o escolheu para levar o evangelho aos gentios e reis, bem como perante os filhos de Israel (Atos 9:15).

Paulo pregou a tempo e fora de tempo. Em prisão e em liberdade. Com saúde ou doente. Pregou nos lares, nas sinagogas, no templo, nas ruas, nas praças, na praia, no navio, nos salões governamentais, nas escolas. Paulo pregou com senso de urgência, com lágrimas e no poder do Espírito Santo.

Aonde ele chegava, os corações eram impactados com o evangelho. Ele pregava não apenas usando palavras de sabedoria, mas com demonstração do Espírito e de poder (1Coríntios 2:4; 1Tessalonicenses 1:5).

Em segundo lugar, *de devastador da igreja a plantador de igrejas*. Deus encorajou Ananias a ir ao encontro de Saulo em Damasco, dando-lhe as seguintes palavras: "... Vai, porque este é para mim um instrumento escolhido para levar o meu nome perante os gentios e reis, bem como perante os filhos de Israel" (Atos 9:15). O Senhor mesmo levantou Paulo como o maior evangelista, o maior missionário, o maior pastor, o maior pregador, o maior teólogo e o maior plantador de igrejas da história do cristianismo. Ele plantou igrejas na região da Galácia, nas províncias da Macedônia, Acaia e Ásia Menor. Não apenas plantou igrejas, mas pastoreou-as com intenso zelo, com profundo amor e com grave senso de responsabilidade. Pesava sobre ele a preocupação com todas as igrejas (2Coríntios 11:28).

Em terceiro lugar, *de receptor de cartas para prender e matar a escritor de cartas para abençoar e salvar*. Como perseguidor e exterminador dos cristãos, Paulo pedia cartas para prender, amarrar e matar os crentes (Atos 9:2,14). Mas, depois de convertido, ele escreve cartas para abençoar. Paulo foi o maior escritor do Novo Testamento. Ele escreveu treze cartas. Suas cartas são mais conhecidas do que qualquer obra jamais escrita na história da humanidade. Suas cartas têm sido alimento diário para milhões de crentes em todos os tempos. Essas cartas são luzeiros que brilham; são pão que alimenta; são água que dessedenta a sede; são verdades inspiradas pelo Espírito Santo que ensinam, exortam e levam pessoas a Cristo todos os dias!

Vejamos, agora, como Deus trabalhou na vida de Paulo até transformá-lo no apóstolo que foi. Mesmo que sua conversão tenha sido genuína e radical, seu amadurecimento foi progressivo.

Pregando em Damasco

Logo após ser curado da cegueira, ser batizado e ter recebido o Espírito, Paulo começou a pregar em Damasco, afirmando que Jesus é o Filho de Deus (Atos 9:20). Sua pregação consistia apenas numa declaração de que aquele a quem ele perseguia era o Filho de Deus. Essa pregação causou espanto nos damascenos, em virtude de sua reputação de exterminador dos que invocavam o nome de Jesus (Atos 9:21).

Seminário intensivo com Jesus na Arábia

Há um intervalo muito importante na vida de Paulo entre Atos 9:20,21 e Atos 9:22. No começo, Paulo apenas pregava e afirmava que Jesus era o Filho de Deus (Atos 9:20,21). Mas, depois, Paulo mais e mais se fortalecia e confundia os judeus que moravam em Damasco, demonstrando que Jesus é o Cristo (Atos 9:22). Demonstrar é mais do que afirmar. Demonstrar é provar cuidadosa e meticulosamente o que se afirma. Demanda um exame acurado, uma investigação precisa, uma análise profunda.

Onde Paulo esteve e o que aprendeu para passar do primeiro estágio da afirmação para o segundo estágio da demonstração? O livro de Atos não nos responde, mas encontramos a resposta na carta aos Gálatas. Após sua conversão, Paulo não foi para Jerusalém, onde estavam os apóstolos, mas rumou para as regiões da Arábia, onde permaneceu três anos, fazendo um seminário intensivo com o próprio Senhor Jesus. O próprio Paulo registra esse fato, assim: "Faço-vos, porém, saber, irmãos, que o evangelho por mim anunciado não é segundo o homem, porque eu não o recebi, nem o aprendi de homem algum, mas mediante revelação de Jesus Cristo" (Gálatas 1:11,12).

Depois de passar três anos examinando cuidadosamente o Antigo Testamento, ele descobriu que Jesus era, de fato, o Messias prometido. Paulo narra como foi que isso aconteceu nesses três anos: "Quando, porém, ao que me separou antes de eu nascer e me chamou pela sua graça, aprouve revelar seu Filho em mim, para que eu o pregasse entre os gentios, sem detença, não consultei carne e sangue, nem subi a Jerusalém para os que já eram apóstolos antes de mim, mas parti para as regiões da Arábia e voltei, outra vez, para Damasco" (Gálatas 1:15-17).

Pregação mais precisa em Damasco

Ao voltar das regiões da Arábia para Damasco é que Paulo, agora, não apenas afirma, mas demonstra que Jesus é o Cristo, o Messias prometido (Atos 9:22).

Em vez de sua pregação encontrar guarida em Damasco, encontra, pelo contrário, severa resistência. Paulo precisa fugir de maneira humilhante num cesto muralha abaixo para salvar a vida. Depois de três anos de sua conversão, de Damasco ele vai a Jerusalém (Gálatas 1:18).

REJEIÇÃO E ACOLHIMENTO EM JERUSALÉM

Ao chegar a Jerusalém, a recepção de Paulo não foi nada calorosa. Os discípulos não acreditavam na sinceridade de sua conversão. Pensavam que ele estava blefando e armando uma cilada para perseguir a igreja. Essa rejeição, possivelmente, foi mais um golpe que Paulo sofreu ainda nos albores da sua caminhada. Estava colhendo os frutos de sua semeadura. Eis o relato de Lucas: "Tendo chegado a Jerusalém, procurou [Paulo] juntar-se com os discípulos; todos, porém, o temiam, não acreditando que ele fosse discípulo" (Atos 9:26).

Barnabé, o filho da consolação, viu Paulo com outros olhos. Acreditou nele e investiu em sua vida. Assim Lucas relata: "Mas Barnabé, tomando-o consigo, levou-o aos apóstolos; e contou-lhes como ele vira o Senhor no caminho, e que este lhe falara, e como em Damasco pregara ousadamente em nome de Jesus" (Atos 9:27). Barnabé foi o instrumento usado por Deus para introduzir Paulo na comunidade cristã de Jerusalém, cidade onde ele outrora devastava a fé que agora pregava (Gálatas 1:23).

UMA EXAGERADA CONFIANÇA EM SI MESMO

Uma vez acolhido na igreja-mãe, onde outrora perseguira com tanta fúria os cristãos, Paulo tem livre trânsito para sair da cidade e entrar nela, a fim de pregar aos judeus e discutir com os helenistas. Mas toda essa desenvoltura não alcança os resultados que Paulo esperava. Talvez até aqui Paulo ainda estivesse confiando em si mesmo para obter sucesso em seu ministério. Ainda estava vivendo sob a égide da antiga aliança.

Em vez de frutos do seu trabalho, enfrenta mais perseguição. Eis o relato de Lucas: "Estava com eles em Jerusalém, entrando e saindo, pregando ousadamente em nome do Senhor. Falava e discutia com os helenistas; mas eles procuravam tirar-lhe a vida" (Atos 9:28,29).

Ao dar testemunho de sua conversão muitos anos depois, ao ser preso nessa mesma cidade de Jerusalém, Paulo narra uma experiência dramática. Ele não foi apenas rejeitado pelo povo da cidade. Foi dispensado também da obra pelo próprio Deus. Acompanhemos o relato que o próprio apóstolo faz: "Tendo eu voltado para Jerusalém, enquanto orava no templo, sobreveio-me um êxtase, e vi aquele que falava comigo: Apressa-te e sai logo de Jerusalém, porque não receberão o teu testemunho a meu respeito" (Atos 22:17,18).

Em vez de Deus mudar os oponentes de Paulo, é Paulo que tem de mudar e sair da cidade. Paulo não quer sair da igreja de Jerusalém. Ele chega a discutir com Deus. Pensa que Deus está cometendo um erro estratégico ao tirá-lo desse campo. Ele pensa ser o homem certo para essa empreitada. Mas Deus não cede; é Paulo que tem de arrumar as malas e ir embora. Vejamos a argumentação de Paulo com Deus: "Eu disse: Senhor, eles bem sabem que eu encerrava em prisão e, nas sinagogas, açoitava os que criam em ti. Quando se derramava o sangue de Estêvão, tua testemunha, eu também estava presente, consentia nisso e até guardei as vestes dos que o matavam. Mas ele me disse: Vai, porque eu te enviarei para longe, aos gentios" (Atos 22:19-21). Como Paulo reluta em sair, ele é retirado pelos irmãos: "Tendo, porém, isto chegado ao conhecimento dos irmãos, levaram-no até Cesareia e dali o enviaram para Tarso" (Atos 9:30).

O jovem Paulo sofre mais um golpe em seu orgulho. Quando ele arruma as malas e vai embora de Jerusalém, imediatamente os problemas da igreja se resolvem: "A Igreja, na verdade, tinha paz por toda a Judeia, Galileia e Samaria, edificando-se e caminhando no temor do Senhor, e, no conforto do Espírito Santo, crescia em número" (Atos 9:31). Talvez nada fira tanto o orgulho de um pastor do que sair da igreja e ver que após sua saída todos os problemas dela se resolvem.

Volte para casa, jovem!

Paulo saiu de Jerusalém e foi para Tarso, sua cidade natal. E ali ficou não pouco tempo no anonimato, num completo ostracismo. Nada sabemos desse longo período de sua vida. Aquele que estava com a mente povoada de muitos sonhos, e nutrindo na alma o ideal de pregar a Palavra em Jerusalém, está, agora, sozinho, esquecido, fora do palco, longe das luzes da ribalta.

É importante perceber que Deus ainda está tratando com ele. Na verdade, Deus está mais interessado em quem nós somos do que no que fazemos. Vida com Deus precede trabalho para Deus. A nossa maior prioridade não é fazer a obra de Deus, mas conhecer o Deus da obra. O Deus da obra é mais importante do que a obra de Deus. Paulo precisava aprender que o sucesso na obra não vinha dele mesmo, mas de Deus. Ele precisava passar da antiga aliança para a nova aliança. Na antiga aliança, tudo depende de nós e nada, de Deus; na nova aliança, tudo depende de Deus e nada, de nós. Se quisermos fazer a obra de Deus fiados em nossas próprias forças, fracassaremos. Se dependermos apenas dos nossos recursos, nos frustraremos. A nossa suficiência vem de Deus.

Tarso não foi um acidente na vida de Paulo, mas uma escola de treinamento. O deserto é a escola superior do Espírito Santo onde Deus treina seus líderes mais importantes. Tarso foi o deserto de Paulo. O deserto não é um acidente em nossa vida, mas uma agenda de Deus. É Deus quem nos leva para o deserto. Não gostamos do deserto. Ele não nos promove. Ele nos tira do palco. Ele apaga as luzes dos holofotes e nos deixa sem qualquer projeção. Deus nos leva para o deserto não para nos exaltar, mas para nos humilhar. O deserto é o lugar onde Deus treina seus líderes mais importantes. Deus não tem pressa quando se trata de preparar os seus líderes. Vivemos numa geração que tem muita pressa. Gostamos de restaurantes *fast-food*. Mas os líderes não podem amadurecer no carbureto. Eles não podem pular o estágio do deserto. Deus preparou Moisés quarenta anos para usá-lo durante quarenta anos. Deus preparou Elias três anos e meio para usá-lo num único dia, no cume do monte Carmelo. O Senhor Jesus só começou seu ministério com 30 anos de idade. Paulo passou quatorze anos antes de ser poderosamente usado por Deus na obra missionária.

APRENDA A SER LIDERADO ANTES DE LIDERAR

A evangelização do mundo estava a todo vapor, e isso sem a contribuição de Paulo. Não há pessoas indispensáveis na obra. Somos apenas cooperadores, e não os agentes da obra. O evangelho chegou a Antioquia, a terceira maior cidade do mundo daquela época. A igreja de Jerusalém enviou para lá o mesmo Barnabé que havia acolhido Paulo em Jerusalém. Ao chegar ali, alegrou-se ao ver a obra de Deus prosperando e lembrou-se de Paulo. Foi atrás dele e o buscou para engrossar fileiras no ministério da evangelização e do ensino naquela cidade metropolitana.

Durante um ano, eles ensinaram a Palavra de Deus em Antioquia. A igreja era multicultural e multirracial. Fortalecida na Palavra, a igreja orava e jejuava. Foi nesse tempo que o Espírito Santo separou Barnabé e Paulo para a grande obra missionária, enviando-os para uma viagem missionária transcultural. É digno de nota, porém, que o

Espírito Santo separou Barnabé e Paulo, e não Paulo e Barnabé. O líder não era Paulo. Ele precisava aprender a ser liderado antes de poder liderar. Ele precisava estar sob a autoridade de alguém antes de poder exercer autoridade sobre alguém. Ele precisava aprender a ser reserva antes de ocupar o lugar de titular.

Mais uma vez, estamos diante do fato de que Deus está trabalhando na vida de Paulo, ensinando-o a depender totalmente do Senhor e nada de si mesmo. Deus estava esvaziando a bola desse homem. Estava lapidando essa pedra, aparando suas arestas e moldando-o como um oleiro faz com o vaso.

Esta, possivelmente, foi a lição mais importante que Deus ensinou a Paulo em sua trajetória missionária: como viver no poder da nova aliança. O mesmo apóstolo compartilha como isso se deu em sua vida. Escrevendo sua segunda carta aos Coríntios, ele fala das cinco marcas de uma vida vitoriosa: otimismo indestrutível, sucesso constante, impacto inesquecível, integridade irrefutável e realidade inegável (2Coríntios 2:14-17; 3:1-3). Contudo, a grande questão é: "... Quem, porém, é suficiente para estas cousas?" (2Coríntios 2:16). Ele não dá a resposta imediatamente. Só vai fazê-lo no capítulo seguinte, quando escreve: "... a nossa suficiência vem de Deus" (2Coríntios 3:5). Só depois de aprender esse princípio, Paulo está pronto para ser o grande líder, o grande missionário, o homem poderosamente usado nas mãos de Deus para levar o evangelho aos mais distantes rincões do mundo.

CAPÍTULO 5

Semeando com lágrimas, colhendo com júbilo

A primeira viagem missionária de Paulo foi marcada por muitos incidentes e acidentes. Ele enfrentou oposição, perseguição e até apedrejamento. A jornada foi tão dura que o jovem João Marcos desistiu da viagem no meio do caminho.

A direção do Espírito Santo na obra missionária

A igreja prega e ensina a Palavra (Atos 13:1), mas quem a dirige na obra missionária é o Espírito Santo (Atos 13:2). O Espírito Santo é livre e soberano na condução dos destinos da igreja. A orientação do Espírito é segundo a Palavra, e não à parte dela. O Espírito se manifesta a uma igreja centralizada na Palavra e a uma igreja que ora e jejua (Atos 13:2,3). O Espírito Santo não age à parte da igreja, mas em sintonia com ela. É a igreja que jejua e ora. É a igreja que impõe as mãos e despede, mas é o Espírito quem envia os missionários (Atos 13:3,4).

Não podemos fazer a obra de Deus sem a direção do Espírito Santo. Ele nos foi enviado para estar para sempre conosco. Ele nos guia a toda a verdade. Precisamos do Espírito Santo. Dependemos do Espírito Santo. A igreja não pode ver sequer uma conversão sem a obra do Espírito Santo. Os pregadores não terão virtude e poder para pregar sem a ação do Espírito Santo.

Usando pontes de contato

Paulo anunciava a Palavra de Deus (Atos 13:4,5), mas empregava os melhores métodos e os meios mais adequados de fazê-lo (Atos 13:5). Paulo não ousava mudar a mensagem, mas era sempre audacioso em usar os melhores métodos. Em Salamina, eles anunciam a Palavra de Deus nas sinagogas judaicas (Atos 13:5). Nesse lugar, judeus e gentios prosélitos se reuniam para estudar a lei. Ali havia pessoas tementes a Deus e piedosas. Essas pessoas já estavam preparadas para receber a revelação de Deus por meio do evangelho.

Precisamos de pontes de contato para atingir com eficácia as pessoas. Precisamos ler a Bíblia e ler o povo. Precisamos conhecer o texto e o contexto. Precisamos ler a Escritura e também a cultura. É sábio aproveitar as portas abertas da cultura religiosa para anunciar o evangelho.

Onde alguém se abre para o evangelho, o diabo cria uma resistência

Quando os missionários Barnabé, Paulo e João Marcos chegaram a Pafos, o procônsul Sérgio Paulo, homem inteligente, demonstrou interesse em ouvir a Palavra de Deus. Mas, imediatamente, certo judeu, mágico, falso profeta, de nome Barjesus, opôs-se a eles. Esse mensageiro do diabo envidou todos os esforços para afastar da fé o procônsul. É nesse momento que Paulo assume o comando da obra missionária e repreende com autoridade esse embaixador do engano com estas palavras: "Ó filho do diabo, cheio de todo o engano e de toda a malícia, inimigo de toda a justiça, não cessarás de perverter os retos caminhos do Senhor? Pois, agora, eis aí está sobre ti a mão do Senhor, e ficarás cego, não vendo o sol por algum tempo. No mesmo instante, caiu sobre ele névoa e escuridade, e, andando à roda, procurava quem o guiasse pela mão" (Atos 13:10,11).

O resultado foi que o procônsul, ao ver o ocorrido, creu, maravilhado com a doutrina do Senhor (Atos 13:12).

Desistência no meio do caminho

Ao saírem de Pafos para Perge da Panfília, o jovem João Marcos desiste da viagem missionária e retorna para sua casa em Jerusalém (Atos 13:13). Longe de esse fato trazer aos dois veteranos da caravana, Paulo e Silas, qualquer desestímulo, eles prosseguiram rumo a Antioquia da Pisídia, onde encontraram uma larga porta aberta para o evangelho.

Por que João Marcos desistiu dessa primeira viagem missionária? O texto não nos responde. Porém, temos pelo menos duas sugestões. A primeira delas é que João Marcos era primo de Barnabé, e, quando saíram de Antioquia da Síria, Barnabé era o líder da caravana; porém, a partir de Pafos, Paulo assumiu essa liderança. Possivelmente, isso trouxe constrangimento e até insegurança na vida desse jovem.

A segunda razão é que a viagem missionária tomou um rumo inesperado, ao dirigir-se às regiões continentais em vez de concentrar-se apenas nas cidades costeiras. Isso implicava maiores riscos e mais dificuldades de uma retirada. O jovem João Marcos, possivelmente, julgou um preço muito alto a pagar e, inexplicavelmente, desistiu da viagem e voltou para casa.

UMA PORTA ABERTA PARA O TESTEMUNHO

Em Antioquia da Pisídia, os missionários foram convidados a dar uma palavra de exortação ao povo reunido na sinagoga (Atos 13:15). Havia fome de Deus naquela cidade. Paulo e Barnabé aproveitaram essa oportunidade.

O sermão de Paulo na sinagoga de Antioquia da Pisídia é uma síntese extraordinária da história de Israel (Atos 13:16-41). Paulo se dirige aos israelitas e aos prosélitos tementes a Deus (Atos 13:16), começando sua narrativa com o chamado dos patriarcas, o cativeiro no Egito e a peregrinação de seus descendentes pelo deserto. Nesse tempo, Deus suportou os maus costumes do povo israelita durante quarenta anos no deserto. De forma miraculosa, Deus destruiu sete nações poderosas dessa terra e a deu a Israel por herança. Depois de instalá-los nessa terra, deu-lhes juízes para liderá-los, mas o povo, desejando imitar as nações pagãs ao redor, queria um rei. Então lhes foi dado Saul. Por este não ser reto diante de Deus, o Senhor levantou Davi, homem segundo o coração de Deus (Atos 13:22). Da descendência de Davi, Deus trouxe a Israel o Salvador do mundo, que é Jesus.

Paulo dirige-se aos judeus e prosélitos da sinagoga, fazendo uma poderosa aplicação da sua mensagem. Mostra que o povo de Jerusalém e as autoridades judaicas não conheceram Jesus nem entenderam a mensagem dos profetas, que era lida todos os sábados em suas sinagogas, pois condenaram o Messias que lhes fora prometido. Entretanto, ao condenarem Jesus, cumpriram tudo aquilo que acerca dele estava escrito. Então Paulo foca sua mensagem na morte, no sepultamento e na ressurreição de Cristo, mostrando que esse era o núcleo do evangelho que ele lhes anunciava. Paulo ainda afirma que é por meio de Jesus, e não mediante a lei de Moisés, que eles tinham a remissão de pecados e a justificação. O apóstolo termina sua exposição alertando sobre o perigo de desprezar essa mensagem salvadora.

Um poderoso despertamento e uma cruel perseguição

A mensagem de Paulo na sinagoga de Antioquia da Pisídia foi tão impactante que surtiu de imediato dois resultados. O primeiro deles é que os líderes da sinagoga pediram uma repetição da mesma mensagem para o sábado seguinte (Atos 13:42). O segundo resultado foi que muitos dos judeus e prosélitos piedosos seguiram Paulo e Barnabé, aos quais estes persuadiram a perseverar na graça de Deus (Atos 13:43).

Durante aquela semana, algo extraordinário aconteceu na cidade. O evangelho produziu um impacto tal nas pessoas que mal elas podiam esperar o sábado seguinte para irem ao encontro dos homens de Deus na sinagoga. O historiador Lucas relata: "No sábado seguinte, afluiu quase toda a cidade para ouvir a palavra de Deus" (Atos 13:44). Chamamos isso de um avivamento! Nenhum milagre é relatado na cidade, mas a Palavra de Deus foi pregada com fidelidade e poder, e uma cidade inteira foi despertada a ouvir a mensagem evangélica.

O despertamento espiritual foi seguido imediatamente de implacável e cruel perseguição. Os judeus, tomados de inveja, com blasfêmia contradiziam o que Paulo falava. Nesse momento, Paulo e Barnabé, com toda a ousadia, ao verem os judeus rejeitarem a vida eterna, voltam-se para os gentios (Atos 13:46,47). Os gentios muito se alegram e glorificam a Palavra do Senhor. E Lucas relata: "... e creram todos os que haviam sido destinados para a vida eterna" (Atos 13:48). Mesmo onde se manifestou rejeição, os eleitos creram e foram salvos.

Os judeus, não dando o braço a torcer, manipularam as mulheres piedosas da alta sociedade e as autoridades locais e, perseguindo Paulo e Barnabé, expulsaram-nos do seu território. Os missionários sacudiram o pó de seus pés e foram adiante rumo a Icônio. Os discípulos de Cristo, porém, transbordavam de alegria e do Espírito Santo (Atos 13:50-52).

Pregando aos ouvidos e aos olhos

Paulo e Barnabé chegam a Icônio e ali demoram muito tempo, mesmo debaixo de tensão e perseguição. Na sinagoga de Icônio, Paulo e Barnabé falam com tal poder que uma grande multidão, composta de judeus e gregos, creu no Senhor (Atos 14:1). Os missionários não pregaram apenas aos ouvidos, mas também aos olhos. Não apenas falaram, mas também demonstraram. Somos informados de que eles falavam com ousadia no Senhor, o qual confirmava a palavra da sua graça, concedendo que por mãos deles se fizessem sinais e prodígios (Atos 14:3). Os milagres não são o evangelho, mas abrem portas para o evangelho. Os milagres não são realizados pelos missionários, mas por Deus, pela intermediação dos missionários. A pregação do evangelho precisa ser em demonstração do Espírito e de poder. Precisamos pregar não apenas aos ouvidos, mas também aos olhos.

Uma orquestração contra os obreiros de Deus

Se em Antioquia da Pisídia os judeus lideraram a perseguição contra Paulo (Atos 13:50), em Icônio os judeus incrédulos incitaram o ânimo dos gentios contra Paulo e Barnabé, bem como contra os novos convertidos (Atos 14:2). A sanha dos adversários foi tão virulenta que o povo da cidade se dividiu, uns se posicionando a favor dos judeus, e outros se colocando ao lado dos apóstolos (Atos 14:4). Vendo os adversários que a cidade estava dividida, usaram a arma do tumulto, e assim, judeus e gentios, associando-se com as autoridades, planejaram ultrajar e apedrejar Paulo e Barnabé (Atos 14:5,6).

Confiança em Deus não dispensa prudência

Ao saber da trama armada contra eles, Paulo e Barnabé fogem para Listra e Derbe, onde anunciam o evangelho (Atos 14:6,7). Eles não ignoraram os perigos. Não desafiaram a fúria e a astúcia dos adversários. Não nutriram uma confiança irresponsável, ignorando os perigos. Não enfrentaram de peito aberto as ameaças. Antes, fugiram para outras cidades. Eles prosseguiram fiéis ao mesmo ideal e labutaram na mesma obra. Continuaram pregando o evangelho, mas mudaram de rota. Isso é prudência!

Confiança em Deus não dispensa prudência e cuidado. Deus age por meio do bom senso. O contrário seria tentar Deus. O Senhor nos deu entendimento e sabedoria para serem usados. Esses recursos são dádivas de Deus e devem ser usados em favor da obra, e não contra ela. Se Paulo e Silas tivessem teimado em permanecer naquelas plagas, poderiam ter sido silenciados precocemente, e a obra de Deus teria sofrido severas consequências.

QUANDO O CÉU SE MANIFESTA, O INFERNO SE ENFURECE

Quando Paulo e Barnabé chegaram a Listra, um milagre logo aconteceu. Um homem aleijado, paralítico desde o nascimento, que jamais pudera andar, ao ouvir a mensagem de Paulo, tendo fé, foi curado imediatamente. O homem cujos ossos e músculos deviam estar atrofiados começa a saltar e a andar (Atos 14:8-10). A falta de discernimento espiritual dos licaônios os levou a pensar que Paulo e Silas fossem deuses; e, imediatamente, começaram a gritar e sacrificar animais a eles (Atos 14:11-13). Os embaixadores de Deus então rasgaram suas roupas e saltaram no meio da multidão idólatra, fazendo cessar tais sacrifícios. Asseveraram que eram homens semelhantes a eles. Em vez de aceitarem a exaltação pagã, Paulo e Silas aproveitam o ensejo para lhes anunciar o evangelho, exortando-os a abandonar suas crenças vãs e colocarem sua confiança no Deus criador do céu, da terra e do mar, o Deus da providência (Atos 14:14-18).

Se o milagre do paralítico foi obra do céu, o alvoroço idólatra foi ação do inferno. Onde Deus realiza um prodígio, o diabo causa um tumulto. Onde o poder de Deus se manifesta, a fúria do inferno se faz sentir. Aquela bajulação pagã era uma tentativa de desviar o foco da multidão de Listra, da mensagem do evangelho, para os obreiros do evangelho. Sempre que o vaso chama mais atenção do que o tesouro nele contido, algo está errado. Os obreiros que gostam da bajulação da multidão roubam a glória que pertence somente a Deus.

OS MILAGRES ABREM PORTAS PARA O EVANGELHO E TAMBÉM ATRAEM PERSEGUIÇÃO

A cura do paralítico em Listra abriu portas para o testemunho do evangelho naquela cidade pagã, mas também despertou ferrenha oposição dos judeus de Antioquia e Icônio. Eles, não se contentando apenas em expulsar Paulo e Barnabé de suas cidades, perseguiram-nos até Listra. Tomados de inveja e zelo sem entendimento, instigaram a multidão e se arremeteram contra Paulo, para apedrejá-lo. O mesmo milagre que abriu portas ao testemunho do evangelho trouxe ao apóstolo o duro golpe do apedrejamento. Os sofrimentos de ordem emocional agora se transformam em agonias físicas. Talvez, Paulo sentisse no corpo o que infligiu a Estêvão, o protomártir do cristianismo. Talvez começasse a sentir na pele o que Deus dissera em Damasco havia mais de dez anos: "pois eu lhe mostrarei quanto lhe importa sofrer pelo meu nome" (Atos 9:16). Por providência divina, Paulo se recupera das feridas e, longe de reclamar ou queixar-se de Deus, partiu com Silas para Derbe, onde anunciou o evangelho e fez muitos discípulos (Atos 14:19-21).

CORAGEM E ZELO PELA IGREJA

Depois que Paulo e Barnabé anunciaram o evangelho em Derbe, tomaram a decisão de voltar para o seu quartel-general, em Antioquia da Síria. Nessa volta, não se afastam dos redutos de tensão. Ao contrário, passam pelas mesmas cidades onde foram perseguidos, Listra, Icônio e Antioquia da Pisídia, e fazem isso por quatro razões:

Em primeiro lugar, *para fortalecer a alma dos discípulos* (Atos 14:22). Paulo e Silas não eram apenas missionários itinerantes, mas também pastores do rebanho. Eles não apenas geravam filhos espirituais, mas também cuidavam desses neófitos. Sabiam que aqueles novos convertidos precisavam de encorajamento para viver a vida cristã numa sociedade pagã e hostil.

Em segundo lugar, *exortar os discípulos a permanecerem firmes na fé* (Atos 14:22). Se os novos convertidos não forem ensinados e exortados, facilmente podem ser enganados pelos falsos mestres ou desanimarem diante das provações. Paulo tinha plena consciência da imperiosa necessidade do discipulado. Diante das lutas, perseguições e ataques do adversário, precisamos ser exortados a permanecer firmes na fé. Muitos se enfraquecem ao lidar com a fúria do mundo ou com sua sedução.

Em terceiro lugar, *mostrar que a vida cristã não é uma colônia de férias* (Atos 14:22). A vida cristã não é ausência de luta. Somos salvos não da tribulação, mas na tribulação. Importa-nos entrar no reino de Deus por meio de muitas tribulações. Não há amenidades no cristianismo. Ele não é uma redoma de vidro. Estamos expostos à fraqueza da nossa natureza decaída, a este mundo tenebroso e à fúria de Satanás. As tribulações não nos podem destruir nem nos afastar do amor de Deus. Elas não são castigo de Deus, mas instrumentos para o nosso aperfeiçoamento.

Em quarto lugar, *fazer a eleição de presbíteros nas igrejas* (Atos 14:23). Paulo entendia que a igreja é um organismo e também uma organização. Toda comunidade precisa de uma liderança. Essa liderança é coletiva. Paulo promovia a eleição de presbíteros em cada igreja, e não a nomeação de um chefe. Esses presbíteros deveriam pastorear o rebanho de Deus. Eles eram pastores que deviam ensinar a verdade e proteger o rebanho dos lobos vorazes. Essa eleição não devia ser feita sem oração e jejum. Os líderes da igreja devem ser escolhidos na total dependência de Deus. É Deus quem dá pastores à igreja. É o Espírito quem constitui bispos para apascentar a igreja de Deus, que ele comprou com o seu próprio sangue.

CONTA AS MUITAS BÊNÇÃOS, DIZE QUANTAS SÃO!

É hora de voltar para casa. É hora de recarregar as baterias. É hora de testemunhar os grandes feitos de Deus na obra missionária. Paulo e Barnabé voltam para Antioquia da Síria, a igreja que os comissionara e enviara à obra missionária (Atos 14:24-26). Esses bravos missionários fizeram três coisas importantes ao chegar à igreja:

Em primeiro lugar, *eles relataram as intervenções extraordinárias de Deus em sua vida* (Atos 14:27). O testemunho é algo legítimo e necessário para encorajar a igreja. A igreja estava reunida para ouvir as notícias desse primeiro avanço missionário. Paulo e Barnabé relatam cuidadosamente não o que fizeram por Deus, mas o que Deus fizera com eles e por eles. Não testemunharam para exaltar a si mesmos. Não testemunharam para se colocar sob os holofotes nem buscaram glórias para eles mesmos. A ênfase deles está nos feitos de Deus, e não nas suas realizações.

Em segundo lugar, *eles relataram como Deus abriu aos gentios a porta da fé* (Atos 14:27). O sucesso da obra missionária não foi devido ao poder inerente dos missionários nem de seus métodos. Foi Deus quem abriu aos gentios a porta do evangelho. Foi Deus quem abriu o coração dos pagãos para a verdade. Foi Deus quem invadiu as trevas do paganismo com a luz da verdade. A obra de Deus é feita por Deus, mas mediante instrumentos humanos. É Deus quem opera nos evangelistas e também naqueles que recebem o evangelho.

Em terceiro lugar, *eles permaneceram muito tempo com os discípulos* (Atos 14:28). Não há trabalho missionário desconectado da igreja local. Não há ministério itinerante sem a ligação com a igreja. Paulo e Barnabé precisam da igreja, e a igreja precisa dos missionários. Eles se abastecem na comunhão da igreja e também encorajam a igreja a ser ainda mais comprometida com a obra missionária.

Capítulo 6

Uma agenda estabelecida no céu

Depois do concílio de Jerusalém, onde as estacas da liberdade cristã foram fincadas e o jugo do judaísmo foi sacudido, era hora de alçar voos para uma nova jornada missionária. As querelas religiosas levantadas pelos judaizantes, vindos da Judeia, impondo aos gentios a necessidade da circuncisão para a salvação, haviam sido respondidas com firmeza pelos apóstolos e presbíteros. A fé em Cristo é a única condição para a salvação. A mensagem que devia ser anunciada aos gentios é que a graça de Cristo é absolutamente suficiente para a salvação. Lançadas as estacas da verdade, é hora de estender o toldo da obra missionária. A agenda missionária deveria contemplar os confins da terra. Novos horizontes precisavam ser alcançados.

A iniciativa da segunda viagem missionária é de Paulo (Atos 15:36). Seu zelo pastoral o constrange a voltar à mesma região da primeira viagem antes de alargar a tenda para outros rincões (Atos 15:36). A lição fica clara: os neófitos precisam ser confirmados, confortados e acompanhados. Paulo tem o cuidado de evangelizá-los no seu primeiro contato, depois os visita novamente no retorno de sua viagem rumo a Antioquia da Síria e agora, antes de iniciar a segunda viagem missionária, toma a decisão de visitá-los uma terceira vez.

UMA DESAVENÇA ENTRE OS MISSIONÁRIOS

A obra de Deus é perfeita; mas os seus obreiros, não. Barnabé quer dar uma segunda chance ao jovem João Marcos, seu primo, que havia abandonado a primeira viagem missionária; e, Paulo, de forma intransigente e radical, não achou justo levá-lo depois de uma experiência fracassada. Barnabé, coerente com seu nome, cujo significado é "filho da consolação" prefere indispor-se com Paulo a desistir de João Marcos. Houve tal desavença entre Paulo e Barnabé que não puderam caminhar juntos na segunda viagem missionária.

A providência de Deus é maior do que nossos fracassos, e a graça de Deus, maior que os nossos pecados. Por causa dessa desavença, em vez de uma caravana missionária, temos duas. Os obreiros podem errar, mas os propósitos de Deus jamais podem ser frustrados. Barnabé e João Marcos avançam na direção de Chipre (Atos 15:39), e Paulo escolhe Silas. Encomendados pelos irmãos da Síria à graça do Senhor, passam pela Síria e Cilícia, confirmando as igrejas.

Mais um missionário se junta à equipe de Paulo

Quando Paulo retornou a Derbe e Listra, Timóteo, filho de pai grego e mãe judia (Atos 16:1), ensinado nas Escrituras desde a infância por sua mãe Eunice e sua avó Loide (2Timóteo 1:5; 3:14,15), mas convertido a Cristo pelo ministério de Paulo (1Timóteo 1:2), agrega-se à caravana missionária. Timóteo vem a se tornar um dos maiores colaboradores de Paulo no ministério. Timóteo recebeu o leite da piedade desde sua infância. Cresceu sob a égide da Palavra de Deus. Por meio de seu contato com o apóstolo Paulo, em sua primeira viagem missionária, demonstrou um crescimento notável, uma vez que, tendo se convertido, logo demonstrou maturidade espiritual, pois dele davam bom testemunho tanto os irmãos de Listra como os de Icônio (Atos 16:2). Seu caráter provado era uma hipoteca moral de seu trabalho. Quando Paulo escreveu aos filipenses, disse que não tinha ninguém igual a Timóteo para enviar-lhes. Olhando pelas lentes dessa carta paulina, destacaremos alguns atributos desse jovem missionário:

Timóteo, um homem cooperador (Filipenses 2:19,23). Timóteo era filho na fé do apóstolo Paulo (1Timóteo 1:2), cooperador de Paulo (Romanos 16:21) e mensageiro de Paulo às igrejas (1Tessalonicenses 3:6; 1Coríntios 4:17; 16:10,11; Filipenses 2:19). Ele esteve preso com Paulo em Roma (Filipenses 1:1; Hebreus 13:23). Cuidava dos interesses de Cristo (Filipenses 2:21) e da igreja de Cristo (Filipenses 2:20).

Timóteo, um homem singular (Filipenses 2:20a). Havia muitos cooperadores de Paulo, mas Timóteo ocupava um lugar especial no coração do velho apóstolo. Ele era um homem singular pela sua obediência e submissão a Cristo e ao apóstolo como um filho a um pai. Ele tinha o mesmo sentimento de Paulo, ou seja, era do mesmo estofo. A palavra grega que Paulo usa para "igual sentimento" só aparece aqui em todo o Novo Testamento. É a palavra grega *isopsychos*, que significa "da mesma alma". Esse termo foi usado no Antigo Testamento como "meu igual" e "meu íntimo amigo" (Salmos 55:13, LXX).

Timóteo, um homem que cuida dos interesses dos outros (Filipenses 2:20b). Timóteo aprendeu o princípio ensinado por Paulo de buscar os interesses dos outros (Filipenses 2:4). Esse mesmo princípio foi exemplificado por Cristo (Filipenses 2:5) e pelo próprio apóstolo Paulo (Filipenses 2:17). Timóteo, de igual modo, vive de forma altruísta, pois o centro da sua atenção não está em si mesmo, mas na igreja de Deus. Ele não busca riqueza nem promoção pessoal. Não está no ministério em busca de vantagens; ele tem um alvo: cuidar dos interesses da igreja.

Timóteo, um homem que cuida dos interesses de Cristo (Filipenses 2:21). Só existem dois estilos de vida: aqueles que vivem para si mesmos (Filipenses 2:21) e aqueles que vivem para Cristo (Filipenses 1:21). Estamos em Filipenses 1:21 ou então estaremos em Filipenses 2:21.

Timóteo queria cuidar dos interesses de Cristo, e não dos seus próprios. Sua vida estava centrada em Cristo (Filipenses 2:21) e nos irmãos (Filipenses 2:20b), e não no seu próprio eu (Filipenses 2:21).

Timóteo, um homem de caráter provado (Filipenses 2:22). Timóteo tinha bom testemunho antes de ser missionário (Atos 16:1,2) e, agora, quando Paulo está para lhe passar o bastão, como continuador da sua obra, este dá testemunho de que ele continua tendo um caráter provado (Filipenses 2:22). É lamentável que muitos líderes religiosos que são grandes em fama e riqueza sejam anões em caráter. Vivemos uma crise de integridade avassaladora no meio evangélico brasileiro. Precisamos urgentemente de homens íntegros, provados, que sejam modelo do rebanho.

Timóteo, um homem disposto a servir (Filipenses 2:22b). É digno de nota que Timóteo serviu ao evangelho. Ele serviu com Paulo, e não a Paulo. Embora a relação entre Paulo e Timóteo fosse de pai e filho, ambos estavam engajados no mesmo projeto.

A AGENDA MISSIONÁRIA É TRAÇADA NO CÉU, E NÃO NA TERRA

A equipe missionária estava planejando avançar em direção à Ásia, mas o Espírito de Jesus não o permitiu (Atos 16:6,7). Durante a noite, Paulo teve uma visão, na qual um varão macedônio lhe rogava ajuda. Discernindo ser essa a vontade de Deus, imediatamente Paulo e os demais membros da caravana partiram para aquele destino (Atos 16:8-10). Deus não apenas chama e envia os missionários, mas norteia-lhes os passos. A agenda da obra missionária deve ser estabelecida no céu, e não na terra. O campo é o mundo, mas as prioridades do campo são estabelecidas por Deus. Devemos seguir a direção de Deus, e não a nossa. Nossos planos devem estar subalternos aos planos de Deus. A vontade dele deve prevalecer sobre a nossa.

Essa mudança de rumo na obra missionária tem um reflexo profundo na história da humanidade. Deus deslocou o eixo do cristianismo do Oriente para o Ocidente, da Ásia para a Europa. Os resultados dessa guinada na direção missionária são a razão principal de o Ocidente ser o berço evangélico do mundo. Se Paulo tivesse entrado na Ásia, e não na Europa, nessa viagem, possivelmente o Oriente, e não o Ocidente, teria sido o reduto mais evangelizado do mundo. Talvez, hoje, o Ocidente estivesse mergulhado nas densas trevas do paganismo. Devemos tributar a Deus nossa gratidão por nos enviar o evangelho desde essas priscas eras.

Deus aponta o rumo, e o homem escolhe os melhores métodos

Deus apontou o rumo da ação missionária, impedindo Paulo de entrar na Ásia e direcionando seus passos para a Europa. Mas Paulo, ao entrar na Macedônia, escolheu a cidade mais estratégica para pregar o evangelho. Não podemos mudar o evangelho nem engessar os métodos. A mensagem precisa ser fiel, mas também relevante. Paulo era um obreiro estratégico. Ele tinha o cuidado de usar os obreiros, o tempo e os recursos de forma racional. Em virtude da exiguidade do tempo, dava preferência às cidades estratégicas, de onde o evangelho pudesse alcançar com mais rapidez outras regiões. Por essa razão, passou batido em algumas cidades e fixou-se em outras.

Se Deus nos dá a mensagem e a direção, devemos escolher os melhores métodos e as estratégias mais sábias. Precisamos otimizar tanto os recursos de Deus como os obreiros de Deus. Precisamos escolher os melhores métodos para atingirmos os melhores fins.

Filipos, a porta de entrada da Europa

Por que Paulo passou batido por Samotrácia e Neápolis e fixou-se em Filipos? Porque essa era uma colônia romana. Essa cidade ficava no entroncamento entre o Oriente e o Ocidente. Filipos era estratégica tanto histórica como geograficamente. Uma colônia romana era uma espécie de Roma em miniatura. Seus cidadãos viviam sob os auspícios da capital do império. Ali se falava a língua de Roma. Ali se cultivavam os costumes de Roma. Ali imperavam as leis de Roma.

Paulo entendeu que, se o evangelho alcançasse Filipos, dali se espalharia tanto para o Ocidente como para o Oriente. Aquela cidade se tornaria uma ponte para estender para horizontes mais longínquos as boas- novas do evangelho.

O sucesso da evangelização em Filipos não foi sem dor. O evangelho agiu livremente, mas os obreiros foram açoitados e presos. O sucesso da obra passou pelo sofrimento dos obreiros.

A igreja de Filipos tornou-se um exemplo vivo da eficácia e universalidade do evangelho. Três pessoas de diferentes classes sociais são alcançadas pelo evangelho. A primeira delas foi Lídia, uma empresária, vendedora de púrpura, oriunda de Tiatira, cidade da Ásia Menor. A segunda pessoa foi uma escrava, uma jovem sem quaisquer direitos sociais. A terceira pessoa foi o carcereiro, um servidor público, da classe média.

Essas três pessoas representavam também diferentes convicções religiosas. Se Lídia era uma mulher temente a Deus, que frequentava uma reunião de oração, a jovem vivia sob o cativeiro do diabo e de seus senhores, enquanto o carcereiro tinha como deus o próprio imperador romano, a quem servia como guardador de presos.

Essas três pessoas ainda tiveram experiências legítimas, porém muito distintas. Lídia foi convertida num ambiente espiritual, numa reunião de oração, quando ouvia a exposição da Palavra de Deus. Ali mesmo, Deus abriu seu coração, e ela creu. A jovem escrava foi liberta num ambiente profundamente carregado, quando estava tomada por espíritos enganadores. O carcereiro, por sua vez, foi salvo nas ruínas de uma prisão abalada por um terremoto e à beira do suicídio.

Quando os homens pensam que estão no controle e se interpõem no caminho de Deus para impedir sua obra, Deus reverte as circunstâncias e revela sua soberania. Paulo e Silas foram açoitados e lançados na prisão numa tentativa de silenciá-los e impedir naquela cidade o avanço do evangelho, mas os obreiros não se calaram. O evangelho não ficou amordaçado. O mesmo Deus que abriu o coração de Lídia, numa reunião de oração, também abriu as portas da cadeia por meio de um terremoto e quebrou todas as resistências do coração do carcereiro. Lídia foi batizada com toda a sua casa. O carcereiro também foi batizado com toda a sua família. Os obreiros foram embora da cidade, mas no coração daquela colônia romana foi fincada a bandeira tremulante do evangelho. Aquela igreja haveria de se tornar uma das maiores parceiras no ministério de Paulo. Enviaria recursos para o apóstolo em Tessalônica, Corinto e Roma, além de socorrer os pobres da Judeia.

Paulo em Tessalônica, a capital da província da Macedônia

O grande bandeirante do cristianismo saiu de Filipos com vergões no corpo, mas com entusiasmo na alma. Longe de retroceder diante dos perigos, marchou resoluto para alcançar a capital da província da Macedônia.

Nesse propósito, passou por Anfípolis e Apolônia e chegou a Tessalônica (Atos 17:1).

Na capital da província, Paulo buscou uma ponte de conexão para a pregação do evangelho. Por isso, durante três sábados seguidos, foi a uma sinagoga de judeus, onde arrazoou com eles sobre as Escrituras. O propósito do apóstolo não era falar sobre prosperidade, curas ou milagres, mas expor e demonstrar a necessidade da morte e ressurreição de Cristo. Paulo era um pregador cristocêntrico. Ele não era um mestre de banalidades. Sua mensagem tocava o âmago da questão. O Cristo deveria padecer e depois ressurgir dentre os mortos. Paulo não anunciava um Jesus apenas de milagres, mas o Jesus da cruz e do túmulo vazio.

Essa mensagem trouxe uma verdadeira revolução em Tessalônica (Atos 17:4). Alguns judeus, uma multidão de gregos e diversas senhoras da alta sociedade se uniram a Paulo. A oposição foi imediata. Movidos pela inveja, os líderes judeus reuniram alguns agitadores e alvoroçaram a população contra os missionários. Jasom, hospedeiro de Paulo e Silas, foi preso e levado às autoridades. Somente depois de pagar fiança, conseguiu se livrar de suas mãos. Os judeus invejosos formularam uma acusação contra Paulo e Silas: "... Estes que têm transtornado o mundo chegaram também aqui" (Atos 17:6). Afirmaram ainda que tanto os missionários como o próprio Jasom estavam agindo contra os decretos de César (Atos 17:7). Essa afirmação provocou apreensão na cidade, uma vez que Tessalônica perderia seus privilégios de capital da província caso houvesse ali qualquer insurreição ou oposição ao imperador romano (Atos 17:8). Paulo e Silas não puderam permanecer em Tessalônica, mas a Palavra de Deus continuou lá operando maravilhas nos tessalonicenses e por meio deles (1Tessalonicenses 1:5-10). A obra de Deus é maior do que seus obreiros. Os obreiros podem ser expulsos, mas a Palavra de Deus não pode ser banida. Os missionários podem ser presos, mas a Palavra não pode ser algemada. Os pregadores podem ser perseguidos, enxotados e mortos, mas a Palavra não pode ser detida.

Paulo em Bereia

Confiança em Deus e prudência não são coisas antagônicas. Diante do alvoroço em Tessalônica, Paulo e Silas foram retirados da cidade à noite, sem alarde, com absoluta discrição (Atos 17:10). Levados para Bereia, não se intimidaram nem mudaram sua agenda. Procuraram imediatamente uma sinagoga para ensinarem a Palavra de Deus. Os bereanos demonstraram ser mais nobres que os tessalonicenses, pois não apenas ouviram, mas também evidenciaram um vívido interesse, dedicando-se ao estudo diário das Escrituras e conferindo na Palavra tudo que Paulo dizia (Atos 17:11). O resultado foi extraordinário. Novamente uma multidão creu e engrossou as fileiras da igreja nascente (Atos 17:12).

O sucesso da obra de Deus incomodou novamente os adversários. Os judeus invejosos, ao saberem dos resultados extraordinários da pregação de Paulo em Bereia, rumaram para lá a fim de causar alvoroço e instigar a população (Atos 17:13). Os irmãos bereanos, sem tardança, tiraram Paulo da cidade e o enviaram ao litoral, enquanto Silas e Timóteo continuaram na cidade consolidando o trabalho (Atos 17:14,15).

Paulo em Atenas

Paulo chega a Atenas, a capital intelectual do mundo, a cidade de Péricles, Sócrates, Platão e Aristóteles. O veterano apóstolo pisa na terra dos grandes corifeus da filosofia, dos homens que encheram bibliotecas com sua erudição.

Atenas era o berço da filosofia e das artes. Ao mesmo tempo, ali ficava o Partenon, templo de muitos deuses. Atenas estava eivada de deuses. Havia mais de 30 mil estátuas dedicadas aos deuses naquela meca da filosofia. Havia uma divindade para cada monumento e pórtico daquela cidade. Era mais fácil encontrar um deus em Atenas do que um homem. Ao chegar à cidade, Paulo ficou revoltado com a idolatria reinante. O mesmo povo bafejado pelo mais refinado conhecimento filosófico estava também entregue à mais tosca idolatria. Cultura não é sinônimo de discernimento espiritual. O povo tinha a luz do conhecimento, mas estava cego espiritualmente. Tinha muitos deuses, mas não conhecia o Deus verdadeiro.

Paulo percorreu e agitou a cidade. Diagnosticou suas mazelas espirituais. Conversou com o povo na praça e discutiu com os filósofos epicureus e estoicos. Sua presença em Atenas tornou-se notória. O povo não falava de outra coisa senão das últimas novidades que Paulo pregava. Arrastado ao Areópago, para dar explicações de sua pregação, o veterano apóstolo fez um dos mais extraordinários discursos da história, falando para os atenienses acerca do Deus desconhecido.

Destacamos quatro coisas importantes nessa passagem de Paulo em Atenas:

Em primeiro lugar, *o que ele viu em Atenas* (Atos 17:16). Paulo não chegou a Atenas como um turista, admirado da beleza de seus monumentos. Ele não ficou entusiasmado com seus templos nem com a multiplicidade de suas imagens. Paulo olhou para toda aquela arte esculpida no mármore ou adornada pelo marfim como uma manifestação de idolatria. Os muitos deuses do panteão ateniense era uma afronta ao Deus verdadeiro. A religiosidade dos atenienses bafejados de cultura não passava de tosca ignorância espiritual.

Em segundo lugar, *o que ele sentiu em Atenas*. Paulo não apenas viu a idolatria, mas também ficou indignado. Seu espírito se revoltou diante da idolatria. A idolatria de Atenas era uma afronta ao Deus vivo. Era uma violação do segundo mandamento da lei de Deus. Era uma perversão do verdadeiro culto. A revolta de Paulo estava no fato de ver o nome de Deus sendo escarnecido no meio de uma religiosidade profusa, mas sem discernimento.

Em terceiro lugar, *o que Paulo fez* (Atos 17:17). Paulo não apenas viu e se indignou; ele aproveitou seu tempo em Atenas para ensinar, pregar e arrazoar com os atenienses acerca do evangelho. Paulo pregou Jesus e a ressurreição. Paulo foi proativo. Não apenas fez o diagnóstico certo, mas deu o remédio correto. Não apenas constatou o problema, mas também apontou a solução.

Em quarto lugar, *o método que Paulo usou*. Paulo ficou revoltado com a idolatria da cidade, mas dirigiu-se aos atenienses com cortesia. Disse-lhes que eles eram acentuadamente religiosos. Chegou até mesmo a citar o filósofo Aratos, criando uma ponte cultural para levar-lhes o evangelho. Paulo não ficou preso a questões periféricas; ao contrário, falou aos atenienses acerca da pessoa de Deus.

Paulo ergue sua voz para falar sobre o Deus criador do universo na capital intelectual do mundo. O mundo não veio de uma geração espontânea nem de uma explosão cósmica. O mundo não deu a luz a si mesmo. Ele não é produto do acaso nem de uma evolução de milhões e milhões de anos. Deus criou todas as coisas pela Palavra de seu poder. Paulo também apresenta aos atenienses o Deus da providência. Nele, nós vivemos, nos movemos e existimos. Ele é quem enche a terra de fartura, alimenta as aves dos céus, veste os lírios do campo e nos dá o pão de cada dia. O Deus desconhecido dos atenienses é o governador das nações. Ele está assentado num alto e sublime trono. Ele reina. Ele levanta reis e depõe reis. Não há um centímetro desse vasto universo do qual ele não seja Senhor. O Deus desconhecido dos atenienses é o Deus salvador, que se fez carne e entrou no mundo para morrer e ressuscitar. Os atenienses não conhecem Deus como o Senhor absoluto do universo, diante de quem todo joelho deve se dobrar. O Deus desconhecido dos atenienses exige arrependimento de todos os homens, uma vez que os julgará com justiça.

Ao terminar sua prédica, seu auditório se dividiu em três grupos: uns escarneceram, outros disseram que o ouviriam em outra ocasião e alguns creram. Embora não haja registro de multidões se convertendo como aconteceu em Tessalônica e Bereia, a bandeira do evangelho foi fincada no topo da montanha do mais tosco paganismo.

Paulo em Corinto

De Atenas, Paulo foi para a cidade de Corinto, a capital da província da Acaia. Essa era uma cidade estrategicamente importante, uma vez que em suas cercanias ficava o porto de Cencreia. Corinto era banhada pelo mar Jônico e também pelo mar Egeu. Era uma cidade cosmopolita. Caravanas do mundo inteiro passavam pela cidade. Navios procedentes de diversas partes do mundo ancoravam todos os dias naquela febricitante cidade. Os Jogos Ístmicos de Corinto só perdiam em importância para os Jogos Olímpicos de Atenas. A cidade tinha uma economia forte, uma atividade esportiva invejável e também uma intensa agenda religiosa. Ali ficava o templo de Afrodite, a deusa do amor. Na acrópole da cidade, estava o templo dessa deusa, onde mais de mil prostitutas cultuais exerciam sua atividade religiosa, promovendo a mais aviltante promiscuidade sexual do mundo de então. Essas mesmas prostitutas desciam à noite para o cais, e a cidade se tornava o palco da mais deslavada imoralidade. O homossexualismo era uma prática comum e até incentivada em Corinto.

Paulo chega nessa cidade e ali permanece dezoito meses, ensinando a Palavra e pregando na virtude do Espírito Santo (1Coríntios 2:4). Em Corinto, Paulo planta uma igreja vibrante, mas também uma igreja que vai trazer muitas lágrimas ao apóstolo. Nenhuma igreja recebeu mais do apóstolo quanto Corinto, mas também nenhuma o fez sofrer tanto quanto ela.

Em Corinto, Paulo foi perseguido. Foi chamado de impostor. A igreja não pagou seu salário. Ele precisou trabalhar, fazendo tendas, e receber ajuda das igrejas pobres da Macedônia para pastorear essa igreja.

De Corinto, Paulo escreveu as cartas aos Gálatas, aos Tessalonicenses e aos Romanos. Nessa cidade, ele enfrentou as maiores pressões. Muitas pessoas da igreja duvidaram das suas motivações, questionaram seu caráter, atacaram sua honra e macularam seu nome.

A igreja de Corinto, embora fosse um canteiro fértil, onde florescia todos os dons espirituais, era desprovida de maturidade. A igreja estava dividida em vários grupos e partidos. Havia imoralidade tal dentro da igreja que nem mesmo no mundo se via coisa semelhante. Os crentes, em vez de disciplinarem o faltoso e chorar por causa de sua prática ensandecida, aplaudiam seu pecado. Havia brigas e contendas entre os crentes, e, em vez de esses conflitos serem resolvidos domesticamente, eram levados aos tribunais seculares, produzindo enfraquecimento do testemunho da igreja na sociedade. A igreja de Corinto revelava a fragilidade dos relacionamentos familiares e não sabia administrar com sabedoria a liberdade cristã. A igreja havia feito alguns avanços espirituais, mas ainda estava tímida no progresso da generosidade. Era uma igreja remissa quanto à prática da comunhão interna e do amor externo. Tinha um coração trancado para amar e o bolso fechado para contribuir. Se não bastasse tudo isso, a igreja ainda cometia muitos desvios na sua maneira de cultuar Deus. Havia deficiências na sua teologia, bem como na sua liturgia.

Os filhos que mais fizeram o apóstolo sofrer foram os mais amados. Paulo muitas vezes regou o solo duro com suas lágrimas. Mas suas lágrimas não foram em vão. Em Corinto, Paulo deixou uma igreja que irradiou sua influência para muitos outros recantos do Império Romano. Como a cidade era um corredor do mundo, dali o evangelho se espalhou por vários rincões tanto da Acaia quanto de horizontes mais distantes.

De Corinto, Paulo passou em Éfeso, deixando na capital da Ásia Menor Priscila e Áquila. Dali, foi a Jerusalém, retornou à sua base em Antioquia da Síria e, oportunamente, partiu dessa cidade para a sua terceira viagem missionária, atravessando os territórios da Galácia e da Frígia, confirmando todos os discípulos (Atos 18:18-23).

PAULO EM ÉFESO

Em sua terceira viagem missionária, Paulo fixou-se em Éfeso, capital da Ásia Menor. Essa era uma das maiores cidades do mundo. Ali ficava o templo de Diana, uma das sete maravilhas do mundo antigo. Era uma cidade idólatra, um centro de magia, um canteiro fértil para a evangelização.

Nessa cidade, Paulo passou três anos, ensinando tanto a judeus como a gregos, pregando tanto acerca do arrependimento como da fé. Paulo tanto evangelizava como ensinava. Ele era um evangelista e um mestre. Em Éfeso, Paulo enfrentou feras, tribulações maiores que suas forças. Em Éfeso, o evangelho desbancou a idolatria. Em Éfeso, vários sinais de um poderoso avivamento podem ser constatados.

Em primeiro lugar, *os novos convertidos recebem um derramamento do Espírito* (Atos 19:1-7). Aqueles que haviam recebido apenas o batismo de João, ao ouvirem sobre o Espírito Santo, foram batizados em nome de Jesus, receberam o Espírito Santo e tanto profetizaram como falaram em línguas. A mesma experiência que já havia acontecido em Jerusalém e Samaria agora acontecia também em Éfeso. Era a dispensação da graça estendendo seus horizontes para um campo totalmente gentílico. Jerusalém era a cidade dos judeus. Samaria era uma cidade mista, em território palestino. Éfeso, por sua vez, era uma cidade cosmopolita, essencialmente gentílica. O evangelho de Cristo é multirracial, multicultural e internacional.

Em segundo lugar, *os que vivem distantes ouvem a Palavra de Deus* (Atos 19:8-10). A partir de Éfeso, o evangelho espalhou-se por toda a Ásia Menor. Em face da perseguição, Paulo deixou a sinagoga e foi para uma escola, e, dali, o evangelho penetrou pelos corredores da Ásia Menor, a tal ponto que todos os seus habitantes, tanto judeus como gregos, ouviram a Palavra de Deus. Um avivamento que não transpira para fora dos portões não é genuíno. Quando a igreja é impactada com o poder do Espírito Santo, ela sai das quatro paredes e, como fermento, penetra em todos os setores da sociedade.

Em terceiro lugar, *os enfermos são curados* (Atos 19:11,12). O evangelho em Éfeso chegou não apenas em palavras, mas, sobretudo, em poder. Paulo pregou tanto aos ouvidos quanto aos olhos. Não apenas as pessoas foram perdoadas e salvas, mas também curadas e libertas. É importante ressaltar que a fonte do poder para curar não estava em Paulo. O milagre não era feito pelo poder inerente de Paulo. Não era o apóstolo o agente do poder. O evangelista Lucas diz que Deus, pelas mãos de Paulo, fazia milagres extraordinários, a ponto de levarem aos enfermos lenços e aventais do seu uso pessoal, diante dos quais as enfermidades fugiam, e os espíritos malignos se retiravam (Atos 19:11,12).

Em quarto lugar, *os cativos são libertos* (Atos 19:13-17). Paulo era um homem conhecido tanto no céu como no inferno (Atos 19:15). Até os demônios sabiam quem era ele. Os falsos exorcistas, filhos de Ceva, foram expostos à vergonha pública ao tentarem libertar um homem endemoninhado, esconjurando os demônios por Jesus, a quem Paulo pregava. Esses homens foram subjugados pelos demônios, e não lhes restou outra opção senão fugir, nus e feridos. Esse fato produziu grande temor sobre todos os efésios, e o nome de Jesus era mais e mais engrandecido.

Em quinto lugar, *os crentes confessavam e denunciavam publicamente suas obras* (Atos 19:18). Onde há avivamento, há confissão de pecados. Onde o pecado é encoberto, as chuvas do céu são retidas. Onde o pecado é escondido, o derramamento do Espírito não é revelado. Aqueles que creem verdadeiramente em Cristo são os que confessam publicamente suas obras más e as abandonam. Os efésios convertidos a Cristo não se ocuparam de denunciar os pecados dos outros; eles denunciavam suas próprias obras, e isso de forma pública.

Em sexto lugar, *os laços com o ocultismo foram decisivamente rompidos* (Atos 19:19). Muitos dos efésios convertidos a Cristo vieram dos redutos do ocultismo, tão abundantes em Éfeso. Eles não apenas denunciaram suas obras más, mas também queimaram em praça pública seus livros de artes mágicas. Não há compatibilidade entre a fé cristã e o ocultismo. Não há ligação entre Cristo e os demônios. Não há sintonia entre o santuário de Deus e os ídolos. Não há comunhão entre a luz e as trevas.

Em sétimo lugar, *a Palavra do Senhor crescia e prevalecia poderosamente* (Atos 19:20). O crescimento da igreja e o crescimento da Palavra são coisas semelhantes. São termos correspondentes. Quando a Palavra cresce, a igreja cresce. É possível a igreja crescer numericamente sem o crescimento da Palavra. Mas esse não é o crescimento que vem de Deus. Esse não é o crescimento saudável. Nem todo crescimento da igreja exalta a Cristo. Nem sempre um grande ajuntamento ou uma grande congregação expressa o verdadeiro crescimento da igreja. Não podemos mudar a mensagem para agradar o gosto e a preferência das pessoas. Não podemos transigir com os absolutos de Deus para atrair as multidões. Não podemos oferecer ao povo um caldo venenoso para mitigar-lhe a fome. Precisamos dar às multidões trigo verdadeiro, e não palha. Precisamos saciar as pessoas com o Pão vivo que desceu do céu. Estava fechado o ciclo da terceira viagem missionária. Era tempo de o bandeirante do cristianismo retornar novamente à sua base.

Em oitavo lugar, *uma perseguição implacável* (Atos 19:21-40). Sempre que a obra de Deus avança, o diabo contra-ataca. Na mesma medida em que a igreja crescia em Éfeso e a partir de Éfeso, uma implacável perseguição movida por interesses religiosos e financeiros se instalou na cidade, capitaneada por Demétrio, o ourives fabricante das estatuetas de Diana. A cidade ficou totalmente alvoroçada. Uma grande multidão se ajuntou para gritar o nome da deusa Diana a ponto de a maioria nem saber exatamente o que estava acontecendo na cidade. Não fora a intervenção do escrivão da cidade, aquele tumulto teria se transformado numa perigosa sedição, provocando grandes desastres para os crentes efésios e, quiçá, para o próprio apóstolo Paulo.

Capítulo 7

Uma despedida regada de emoções

Depois de três anos de frutífero ministério em Éfeso, a capital da Ásia Menor, onde Paulo enfrentou lutas maiores do que suas forças e teve de travar encardida luta com feras humanas e demoníacas, resolve fazer uma viagem a Jerusalém para levar as ofertas recolhidas entre as igrejas da Macedônia, Acaia e Ásia Menor para os pobres da Judeia. Antes de direcionar seu ministério aos gentios, conforme propósito divino, Paulo assumiu um compromisso com os líderes da igreja de Jerusalém de que não se esqueceria dos pobres (Gálatas 2:10). Em cumprimento a essa promessa, esse bandeirante da fé ruma para Jerusalém com essas generosas ofertas, mesmo sabendo que à frente encontraria tribulação e cadeias.

Antes de partir para a sua última visita a Jerusalém, onde fora criado aos pés de Gamaliel, chamou os presbíteros de Éfeso para se encontrarem com ele no porto de Mileto. Ali, sob a abóbada celeste, tangidos pela brisa do mar, o veterano apóstolo, num clima regado de profunda emoção, dá suas últimas instruções aos líderes da igreja de Éfeso, a quem ele mesmo havia levado a Cristo e exortado diariamente com lágrimas. Após essas palavras de despedida, eles se ajoelham na praia e oram com Paulo, abraçando-o e beijando-o afetuosamente.

Nesse exponencial sermão, Paulo fala sobre sete compromissos que assumiu: Vamos, aqui, examiná-los mais detidamente:

Em primeiro lugar, *o compromisso de Paulo com Deus* (Atos 20:19). O primeiro compromisso de Paulo não é com a obra de Deus, mas com o Deus da obra. Relacionamento com Deus precede trabalho para Deus. O primeiro chamado de Paulo é para andar com Deus e, como resultado dessa caminhada, fazer a obra de Deus. Ele serve a Deus ministrando aos homens. Quem serve a Deus não busca projeção pessoal. Quem serve a Deus não anda atrás de aplausos e condecorações. Quem serve a Deus não depende de elogios nem se desanima com as críticas. Quem serve a Deus não teme ameaças nem se intimida diante de perseguições. Quem teme a Deus não teme os homens, nem o mundo, nem mesmo o diabo. O líder espiritual deve servir a Deus com senso de profunda humildade. Muitos batem no peito, arrogantemente, dizendo que são servos de Deus. Outros, besuntados de orgulho, fazem propaganda de seu próprio trabalho. Outros, ainda, servem a Deus, mas gostam dos holofotes. Há aqueles que fazem do serviço a Deus um palco onde se apresentam como os atores ilustres sob as luzes da ribalta. Um servo não busca glória para si mesmo. Fazer a obra de Deus sem humildade é construir um monumento para si mesmo. É levantar outra modalidade da torre de Babel. Mas o líder não deve esperar facilidades pelo fato de estar servindo a Deus. Quem serve a Deus com humildade e integridade desperta animosidade e muita hostilidade no arraial do inimigo. Paulo servia a Deus com lágrimas. A vida ministerial não lhe foi amena. Em vez de ganhar aplausos do mundo, recebeu ameaças, açoites e prisões. Paulo manteve sua consciência pura diante de Deus e dos homens, mas os judeus tramaram ciladas contra ele. Viveu num campo minado. Enfrentou inimigos reais, porém, às vezes, ocultos. Nem sempre Deus nos poupa dos problemas. Às vezes, ele nos treina nos desertos mais tórridos e nos vales mais profundos e escuros.

Em segundo lugar, *o compromisso de Paulo com ele mesmo* (Atos 20:18,28a). O apóstolo Paulo mostra a necessidade de o líder espiritual ter um sério compromisso consigo mesmo. O líder precisa cuidar de si mesmo antes de cuidar do rebanho de Deus. A vida do líder é a vida da sua liderança. Há muitos obreiros cansados da obra e na obra porque procuraram cuidar dos outros sem cuidar de si mesmos. Antes de liderar os outros, precisamos liderar a nós mesmos. Antes de exortar os outros, precisamos exortar a nós mesmos. Antes de confrontarmos os pecados dos outros, precisamos confrontar os nossos próprios pecados. O líder não pode ser um homem inconsistente. O líder espiritual também precisa cuidar de si mesmo para não praticar o que condena. A posição de liderança não é uma apólice de seguro contra o fracasso espiritual. O líder espiritual ainda precisa cuidar de si mesmo para não cair em descrédito. A integridade do líder é o fundamento sobre o qual ele constrói seu trabalho. Sem vida íntegra, não existe liderança eficaz.

Em terceiro lugar, *o compromisso de Paulo com a Palavra de Deus* (Atos 20:20-27). Paulo anunciou todo o conselho de Deus (Atos 20:27). O líder espiritual precisa ensinar só a Bíblia e toda a Bíblia. Ele não pode aproximar-se das Escrituras com seletividade. Toda a Escritura é inspirada por Deus e útil para o ensino e a correção. A única maneira de o líder espiritual cumprir esse desiderato é pregar a Palavra expositivamente. Não pregar suas próprias ideias, mas a Palavra. Não entregar a sua mensagem, mas a de Deus. A mensagem deve emanar das Escrituras. Deus não tem nenhum compromisso com a palavra do pregador, mas apenas com a sua Palavra. Paulo pregou para a salvação (Atos 20:21). Ele pregou arrependimento e fé. Ele também ensinou com fidelidade a Palavra (Atos 20:20). Paulo não apenas evangelizava; ele também ensinava. Ele não apenas gerava filhos espirituais, mas também os nutria com o alimento. O líder é um discipulador. Ele deve mentorear seus discípulos. O líder espiritual é um mestre. A ele, cabe o privilégio de ensinar as verdades benditas do evangelho ao povo de Deus. O líder espiritual tem alegria de ensinar tanto as multidões como os pequenos grupos (Atos 20:20). Paulo ensinava de casa em casa e também publicamente. Há líderes que são loucos pelo *glamour* da multidão, mas não se entusiasmam em falar para pequenos grupos. Há pregadores que só pregam para grandes auditórios. Sentem-se importantes demais para pregar numa pequena congregação ou numa reunião de grupo familiar. Esses indivíduos pensam que são mais importantes do que o apóstolo Paulo. O apóstolo pregava de casa em casa. Jesus pregou seus mais esplêndidos sermões para uma única pessoa. Quem não se dispõe a pregar para um pequeno grupo não está credenciado a pregar para um grande auditório. Nossa motivação não deve estar nas pessoas, mas em Deus.

Em quarto lugar, *o compromisso de Paulo com os valores do ministério* (Atos 20:24). O apóstolo sintetiza o seu ministério em três verdades sublimes. Ele diz aos presbíteros de Éfeso: "Porém em nada considero a vida preciosa para mim mesmo, contanto que complete a minha carreira e o ministério que recebi do Senhor Jesus para testemunhar o evangelho da graça de Deus" (Atos 20:24). Paulo fala sobre três verdades: vocação, abnegação e paixão. Paulo diz que recebeu seu ministério do Senhor Jesus. Ele não se lançou no ministério por conta própria. Ele foi chamado, vocacionado e separado para esse trabalho. Paulo não se tornou um pastor porque buscava vantagens pessoais. Não entrou para as lides ministeriais buscando segurança, emprego ou lucro financeiro. Não entrou no ministério com motivações erradas. Paulo não tinha apenas convicção de sua vocação, mas também consciência das implicações desse chamado. Era imperativo exercer uma boa dose de abnegação. Paulo diz que não considerava a vida preciosa para ele mesmo desde que cumprisse o seu ministério. O coração de Paulo não estava nas vantagens auferidas do ministério. Ele não estava no ministério cobiçando prata ou ouro. Não estava numa corrida desenfreada em busca de prestígio ou fama. Seu propósito não era ser aplaudido pelos homens ou ganhar prestígio entre os homens. Na verdade, ele estava pronto a trabalhar com as próprias mãos para ser pastor. Estava pronto a sofrer toda sorte de perseguição e privação para pastorear. Estava disposto a ser preso, a sofrer ataques externos e temores internos para pastorear a igreja de Deus. Estava pronto a dar a própria vida para cumprir cabalmente seu ministério. Finalmente, Paulo diz que no seu coração ardia uma grande paixão. A grande paixão de Paulo era testemunhar o evangelho da graça de Deus. A pregação enchia o peito do velho apóstolo de entusiasmo. Ele sabia que o evangelho é o poder de Deus para salvação de todo que crê. Sabia que a justiça de Deus se revela no evangelho. Sabia que a mensagem do evangelho de Cristo é a única porta aberta por Deus para a salvação do pecador. Paulo se considerava um arauto, um embaixador, um evangelista, um pregador, um ministro da reconciliação. Sua mente estava totalmente voltada para a pregação. Seu tempo era todo dedicado à pregação. Mesmo quando estava preso, entendia que a Palavra não estava algemada.

Em quinto lugar, *o compromisso de Paulo com a igreja de Deus* (Atos 20:28-32). Assim como Paulo se gastou no evangelho para cuidar da igreja de Deus, o líder espiritual deve cuidar de todo o rebanho, e não apenas das ovelhas mais dóceis (Atos 20:28). Há ovelhas dóceis e ovelhas indóceis. Há ovelhas que obedecem ao comando do pastor e ovelhas que se rebelam e fogem de sob o cajado do pastor. Há ovelhas que escoiceiam o pastor e aquelas que são o deleite do pastor. Há um grande perigo de o pastor cuidar apenas das ovelhas amáveis e deixar de lado as outras. A ordem divina é que o pastor deve cuidar de todo o rebanho, e não apenas de parte dele. O líder precisa saber que ele não *é o dono do rebanho, mas servo dele* (Atos 20:28). A igreja é de Deus, e não do líder. Jesus é o único dono da igreja. O Senhor nunca nos deu uma procuração para nos apossarmos da sua igreja. Na igreja de Deus, não existem chefes, caudilhos e donos. Na igreja, todos nós somos nivelados no mesmo patamar, somos servos. Aqueles que se arvoram em donos da igreja e tratam-na como uma empresa particular, buscando abastecer-se das ovelhas em vez de servi-lhes e pastoreá-las, estão em aberta oposição ao propósito divino. Todo líder precisa ter também um claro entendimento do valor da igreja aos olhos de Deus (Atos 20:28). A igreja é a noiva do Cordeiro, a menina dos olhos de Deus. Ele a comprou com o sangue de Jesus. Tocar na igreja de Deus é ferir a noiva do Cordeiro. Deus tem zelo pelo seu povo. Perseguir a igreja é perseguir o próprio Senhor da igreja. Finalmente, o líder precisa proteger o rebanho de Deus dos ataques externos e internos (Atos 20:29,30). Paulo diz que existem lobos do lado de fora buscando uma oportunidade para entrar no meio do rebanho e devorar as ovelhas, e lobos travestidos de ovelhas dentro do rebanho buscando uma oportunidade para arrebatar as ovelhas. O pastor deve ser o guardião e o protetor do rebanho. Como Davi, ele precisa declarar guerra aos ursos e leões, protegendo o rebanho de seus dentes assassinos. Há muitos falsos mestres, com suas perniciosas heresias, tentando entrar na igreja. O perigo, porém, não vem apenas de fora, mas também de dentro. Há aqueles que se levantam no meio da igreja declarando coisas perniciosas e arrastando após si as ovelhas. Há falsos mestres enrustidos que buscam uma ocasião para se manifestar e provocar um estrago no arraial de Deus. O líder espiritual precisa ser zeloso no ensino, não dando guarida nem oportunidade aos oportunistas que se infiltram no meio da igreja para disseminar suas heresias.

Em sexto lugar, *o compromisso de Paulo com a honestidade financeira* (Atos 20:33-35). Paulo não era amante do dinheiro. O líder espiritual não pode ser possuído pelo dinheiro. O dinheiro não pode ser seu patrão. Aqueles que se curvam diante de Mamom jamais se levantarão de forma íntegra na presença dos homens. Aqueles que amam o lucro jamais servirão ao rebanho, mas se abastecerão dele. O líder espiritual é aquele que trabalha na obra de Deus não para auferir lucro, mas com abnegação, apesar do sacrifício pessoal. A regra áurea da economia do reino de Deus é que é mais bem-aventurado dar do que receber. O líder é alguém que faz a obra de Deus sem ser motivado pelo dinheiro (Atos 20:33). Paulo não foi a Éfeso para cobiçar prata ou ouro das pessoas, mas para levar a elas as riquezas espirituais. O dinheiro jamais foi o vetor do ministério de Paulo. Ele diz que não cobiçou dinheiro nem vestes. Sua alegria no ministério não era receber benefícios da igreja, mas dar sua vida pela igreja. O líder espiritual é alguém que se dedica à obra mesmo quando lhe falta o dinheiro (Atos 20:34). Paulo trabalhou com suas próprias mãos para continuar o ministério. Ele não abandonou o ministério para trabalhar na fabricação de tendas nem jamais se empolgou com a fabricação de tendas a ponto de diminuir seu entusiasmo com o ministério. Quando as igrejas lhe pagavam o que lhe era devido, Paulo concentrava-se integralmente no ministério, mas, se as igrejas sonegavam seu salário, ele continuava exercendo o ministério, ainda que precisasse trabalhar para isso. O líder espiritual é alguém que entende que mais feliz é aquele que dá dinheiro do que quem recebe dinheiro (Atos 20:35). Paulo cita uma expressão de Jesus: "... Mais bem-aventurado é dar que receber". A visão do líder espiritual não deve ser a de um homem egoísta e avarento. Ele precisa ser um homem de coração generoso, mãos dadivosas e bolso aberto.

Em sétimo lugar, *o compromisso de Paulo com a afetividade* (Atos 20:36-38). Os presbíteros de Éfeso e Paulo se abraçaram, beijaram-se e choraram num lugar público. Paulo havia passado três anos em Éfeso, e esse tempo foi suficiente para eles formarem fortes elos de amizade.

Agora, eles demonstram a intensidade desse afeto nessa despedida. Nós somos seres afetivos (Atos 20:37). O amor precisa ser verbalizado e demonstrado. Nossas emoções precisam refletir nosso amor. Os presbíteros de Éfeso abraçaram e beijaram Paulo numa praia, um lugar público. Eles não negaram, não camuflaram nem esconderam suas emoções. A mídia empapuçada de violência está minando as nossas emoções. Estamos ficando secos como um deserto. Não conseguimos mais chorar nem expressar emoções. Uma senhora da igreja, depois do culto, disse-me entre lágrimas: "Pastor, eu valorizo muito o seu abraço na porta da igreja, porque é o único abraço que eu recebo na semana". Há momentos em que a maior necessidade de uma pessoa na igreja não é de ouvir o coral, mas de receber um abraço de um irmão. *Nós precisamos demonstrar nosso afeto pelas pessoas que amamos* (Atos 20:37). Há muitos líderes que não conseguem expressar seus sentimentos nem verbalizar seu amor pelos seus liderados. Precisamos aprender a declarar o nosso amor pelas pessoas. Precisamos aprender a valorizar as pessoas enquanto elas estão conosco. Precisamos demonstrar nosso apreço por elas enquanto elas podem ouvir nossa voz. Nós precisamos entender a força terapêutica da afetividade (Atos 20:36-38). O amor é o elo de perfeição que une as pessoas. O amor é o cinturão que mantém unidas as demais peças da virtude cristã. Uma pessoa não permanece numa igreja onde ela não tem amigos. A comunhão e a evangelização são temas profundamente conectados.

UMA DESPEDIDA REGADA DE EMOÇÕES

Onde há união entre os irmãos, ali Deus ordena sua bênção e a vida para sempre. Certa feita, uma irmã da igreja me telefonou, informando-me de que estava pretendendo transferir-se para uma igreja mais próxima de sua casa. Eu, carinhosamente, lhe disse: "O problema é que você é tão importante para a nossa igreja que não podemos abrir mão de sua presença". Essa mulher começou a chorar ao telefone e disse: "Pastor, na verdade eu não queria ir para outra igreja. Era isso que eu precisava ouvir. Muito obrigada" e desligou o telefone. As pessoas são carentes afetivamente, e os pastores precisam compreender que o amor verbalizado e demonstrado tem um grande poder terapêutico.

Capítulo 8

Uma saraivada de problemas

A vida cristã não é um mar de rosas, mas uma tempestade na qual não faltam as nuvens pardacentas e os trovões aterradores. Os covardes e medrosos, que têm medo de decidir, não entrarão no reino de Deus. A vida cristã não é feita de amenidades, mas tecida por lutas renhidas. Não é uma viagem através de águas calmas, mas uma navegação turbulenta em mares revoltos e encapelados.

Um leitor desatento pensará que o relato de Paulo em 2Coríntios 6:4-10 é uma coletânea de experiências sem nenhuma conexão. Porém, uma observação mais detalhada do texto provará que Paulo fez um cuidadoso e lógico arranjo de 27 categorias, dividido em três grupos de nove cada. Nos versículos 4 e 5, seus pensamentos são sobre suas provações; nos versículos 6 e 7, sobre a divina provisão; e nos versículos 8 a 10, acerca da vitória sobre as circunstâncias adversas.

O apóstolo Paulo começa esse catálogo de provas com uma das virtudes mais robustas da vida cristã, a paciência triunfante (2Coríntios 6:4). A palavra grega usada, *hupomone*, não pode ser traduzida ao pé da letra. Ela não descreve o tipo de mentalidade que se assenta com as mãos cruzadas e a cabeça baixa até que passe a tormenta de problemas, numa resignação passiva. Descreve, ao contrário, a habilidade de alguém suportar as coisas de uma maneira tão triunfante que as transforma profundamente. Crisóstomo, o maior pregador do Oriente, chama *hupomone* de a raiz de todo o bem, a mãe da piedade, o fruto que não se seca jamais, a fortaleza que nunca pode ser conquistada, o porto que não conhece tormentas. Para Crisóstomo, *hupomone* é a rainha das virtudes, fundamento de todas as ações justas, paz no meio da guerra, calma na tempestade, segurança nos tumultos.

Essa paciência não é uma capacidade natural de suportar algumas dificuldades da vida, mas um corajoso triunfo, que recebe todas as pressões da vida e sai delas com um brado de alegria. Não somente essa pessoa não se deixa abater pelas dificuldades, mas mostra-se até grata pela oportunidade de passar por elas, sabendo que isso trará glória a Deus.

A "paciência" aqui é o cabeçalho geral de nove elementos que Paulo relaciona a fim de recomendar seu ministério. Vamos examinar o texto em apreço sob quatro perspectivas.

QUANDO A VIDA PARECE UM MAR TEMPESTUOSO

Escrevendo sua segunda carta aos Coríntios (2Coríntios 6:3-5), sua epístola mais pessoal, Paulo aborda três grupos, cada um composto de três situações, em que a paciência é aplicada.

Em primeiro lugar, *os conflitos internos da vida cristã* (2Coríntios 6:4). O apóstolo Paulo menciona três conflitos internos que a paciência triunfante nos capacita a vencer. Esse primeiro grupo expressa termos genéricos, a que todos os cristãos estão sujeitos.

As aflições. A palavra grega que Paulo usa é *thlipsis*, que significa pressão física, aflição ou tribulação. Representam aquelas situações que são fardos para o coração humano, aquelas desilusões que podem destroçar a vida.

As privações. A palavra grega *anagké* significa literalmente as necessidades da vida. Essa palavra é usada no sentido de sofrimento, muito possivelmente torturas. São aqueles fardos inevitáveis da vida que retratam necessidades materiais, emocionais e até físicas.

As angústias. A palavra grega que Paulo utiliza, *stenochoria*, significa um lugar muito apertado. Essa palavra era usada para descrever a condição de um exército encurralado num desfiladeiro estreito e rochoso sem lugar para escapar.

Em segundo lugar, *as tribulações externas da vida cristã* (2Coríntios 6:5). Mais uma vez, o apóstolo Paulo menciona três circunstâncias difíceis que ele enfrentou. Esse segundo grupo apresenta exemplos particulares.

Os açoites. O sofrimento de Paulo não era apenas espiritual, mas também físico. Paulo foi açoitado várias vezes, fustigado com varas e até apedrejado. É exatamente por que os cristãos primitivos enfrentaram as fogueiras, as feras e toda sorte de castigos físicos que hoje recebemos o legado do cristianismo. O próprio Paulo dá seu testemunho: "Cinco vezes recebi dos judeus uma quarentena de açoites menos um; fui três vezes fustigado com varas; uma vez, apedrejado..." (2Coríntios 11:24,25). Esses açoites lhe deixaram cicatrizes, pelo que escreveu: "Quanto ao mais, ninguém me moleste; porque eu trago no corpo as marcas de Jesus" (Gálatas 6:17).

As prisões. Paulo foi preso várias vezes. O livro de Atos registra sua prisão em Filipos, Jerusalém, Cesareia e Roma. Paulo passou vários anos do seu ministério no cárcere. Ele terminou os seus dias numa masmorra romana, de onde saiu para ser decapitado. Ao longo dos séculos, um séquito de crentes em Cristo suportou prisões e esteve disposto a abandonar sua liberdade em vez da fé.

Os tumultos. Paulo não enfrentou apenas a severidade da lei judaica e romana por onde passou, mas também a violência da multidão tresloucada. A palavra grega usada por Paulo, *akatastasia*, significa instabilidade, multidões em rebelião e desordens civis (Atos 13:50; 14:19; 16:19; 19:29). Esses tumultos referem-se àqueles perigos criados pelos homens. Em quase toda cidade por onde passou, Paulo enfrentou multidões enfurecidas, incitadas principalmente pelos judeus. Em Antioquia da Pisídia, os judeus incitaram as mulheres de alta posição e os principais da cidade para expulsarem Paulo de seu território (Atos 13:49-52). Em Icônio, houve um complô para apedrejar

Paulo, e ele precisou sair da cidade (Atos 14:5,6). Em Listra, uma ensandecida multidão apedrejou Paulo (Atos 14:19). Em Filipos, uma multidão alvoroçada prendeu Paulo e Silas, açoitando-os e lançando-os na prisão (Atos 16:22,23). Em Tessalônica, uma turba, procurando Paulo, alvoroçou a cidade e arremeteu-se contra Jasom e sua casa (Atos 17:5). Em Éfeso, houve um grande tumulto, e os amigos de viagem de Paulo foram presos (Atos 19:23-40). Mesmo durante o ministério de Paulo em Corinto, ele também foi preso, e procuraram levá-lo diante do governador (Atos 18:12-17). Simon Kistemaker diz que o pior caso de agitação civil ocorreu em Jerusalém. Ali o povo, amotinado, procurou matar Paulo (Atos 21:30-32). Por todo lugar onde Paulo pregou o evangelho, ele se defrontou com multidões tresloucadas.

Em terceiro lugar, *as tribulações naturais da vida cristã* (2Coríntios 6:5b). As três provas que Paulo passa a mencionar não vieram de fora nem de dentro, mas foram abraçadas voluntariamente por ele. Trata-se de provações assumidas voluntariamente por ele.

Os trabalhos. A palavra grega *kopos*, usada por Paulo, é muito sugestiva, pois descreve o trabalho que leva ao esgotamento, o tipo de tarefa que exige todas as forças que o corpo, a mente e o espírito do homem podem dar. O termo *kopos* implica trabalhar até fatigar-se, o cansaço que segue após o uso das forças ao máximo. Paulo chega a declarar que trabalhou mais do que todos os outros apóstolos (1Coríntios 15:10).

As vigílias. Algumas vezes, Paulo passava noites em oração, e outras vezes não conseguia dormir em virtude dos tumultos e perseguições, quase sem trégua, que vinham a ele de todos os lados. A palavra grega *agrupnia*, "vigílias", refere-se àquelas ocasiões em que Paulo voluntariamente ficava sem dormir ou encurtava suas horas de sono a fim de devotar mais tempo ao seu trabalho evangélico, a seu cuidado de todas as igrejas e à oração. Paulo seguiu o exemplo de Jesus (Marcos 1:35; Lucas 6:12), passando muitas horas da noite e da madrugada em oração.

Os jejuns. Os jejuns referidos por Paulo podem ser tanto os voluntários como os involuntários. A palavra grega *nesteía*, "jejuns", refere-se ao jejum voluntário a fim de poder realizar mais trabalhos. Contudo, esses jejuns podem também se referir àqueles momentos em que Paulo passou privações (2Coríntios 11:9) e até fome (2Coríntios 11:27; 1Coríntios 4:11; Filipenses 4:12).

QUANDO A VIDA PARECE CHEIA DE CONTRADIÇÕES

Ainda na segunda carta aos Coríntios (2Coríntios 6:8-10), o apóstolo Paulo menciona nove paradoxos e antíteses da vida cristã. Trata-se de uma série de contrastes profundos. Aqui está clara a profunda diferença que existe entre a perspectiva de Deus e a perspectiva dos homens. O crente constitui-se num enigma para os outros, uma perpétua contradição para os que não os compreendem, pois sua vida consiste numa série de paradoxos. Esses paradoxos falam dos dois lados opostos da vida de um homem de Deus – o lado secular e o lado espiritual. O lado visto pelo homem, e o lado visto por Deus. Essa passagem contrasta como Deus avaliou o ministério de Paulo com a maneira em que seus críticos o avaliaram. O verdadeiro discípulo experimenta tanto o topo da montanha como as regiões mais baixas dos vales mais profundos. Ele oscila entre a honra e a desonra, entre a infâmia e a boa fama, entre a vida e a morte. Vamos considerar esses paradoxos.

Honra e desonra. Aos olhos do mundo, Paulo era um homem despojado de toda honra. Era considerado o lixo do mundo e a escória de todos (1Coríntios 4:13), mas aos olhos de Deus era mui honrado. A palavra grega *atimia*, usada para desonra, significa a perda dos direitos de cidadão, a privação dos direitos civis. Ainda que Paulo tivesse perdido todos os direitos como cidadão do mundo, tinha recebido a maior de todas as honras. Ele era cidadão do reino de Deus. Tombou como mártir na terra, decapitado num patíbulo, mas levantou-se como príncipe no céu (2Timóteo 4:6-8).

Infâmia e boa fama. Os opositores de Paulo criticavam cada uma de suas ações e palavras, além de odiá-lo com ódio consumado. Além disso, Paulo sofria infâmia de seus próprios filhos na fé. Embora Paulo e seu ministério obtivessem o reconhecimento de muitos crentes coríntios (1Coríntios 16:15-18), outros o desonravam e falavam dele pelas costas (2Coríntios 10:10; 11:7; 1Coríntios 4:10-13,19). Porém, a despeito de ser difamado na terra, recebeu certamente boa fama no céu.

Enganador e sendo verdadeiro. Os críticos de Paulo o consideravam um charlatão ambulante e um impostor. Para eles, Paulo não era um autêntico apóstolo. Contudo, sua vida, sua conduta e seu ministério irrepreensíveis refutaram peremptoriamente as acusações levianas de seus inimigos. Paulo andou com consciência limpa diante de Deus e dos homens. Ele estava convicto de que sua mensagem era a verdade do próprio Deus.

Desconhecido, entretanto bem conhecido. Os judeus que o caluniavam diziam que Paulo era um joão-ninguém, a quem faltava autoridade apostólica e a quem podiam denegrir à vontade. Mas, para seus filhos na fé, Paulo era conhecido e amado. O apóstolo Paulo foi, sem sombra de dúvida, o maior apóstolo, o maior teólogo, o maior evangelista, o maior missionário e o maior plantador de igrejas da história. A palavra grega *agooumenoi,* traduzida por "desconhecidos", traz a ideia de ser ignorante. Refere-se a "não valer nada", sem as credenciais adequadas. Paulo não recebeu reconhecimento do mundo de seu tempo porque o mundo, a literatura, a política e a erudição não se preocupavam com ele e não faziam dele fonte de conversas diárias, nem o procuravam como grande orador. Porém, Paulo é hoje mais conhecido do que qualquer imperador romano. Importa mais receber reconhecimento de Deus do que dos homens. Importa mais ser amado pelos cristãos do que odiado pelo mundo.

Morrendo, contudo vivendo. Paulo viveu sob constante ameaça de morte. Foi apedrejado em Listra, açoitado em Filipos, enfrentou feras em Éfeso e foi atacado por uma multidão furiosa em Jerusalém. O poder divino que ressuscitou Jesus dos mortos impediu que Paulo sofresse uma morte prematura. Sua vida despertou fúria no inferno e tumulto na terra. Paulo, porém, viveu para completar sua carreira e cumprir cabalmente seu ministério (Atos 20:24; 2Timóteo 4:6-8). A julgar pelos padrões mundanos, a carreira de Paulo foi miserável. Ele esteve continuamente exposto a perigos de morte, sempre perseguido por multidões enfurecidas e pelas autoridades civis, mas Deus livrou-o vezes sem conta. Portanto, contra todas as expectativas, enquanto o propósito de Deus não se concretizou nele, ele escapou da morte sem ser assassinado.

Castigado, porém não morto. Muitas vezes, Paulo enfrentou açoites, cadeias, prisões, tumultos e até apedrejamento. Deus, porém, o preservou da morte a fim de que ele cumprisse o propósito de levar o evangelho até os confins da terra. Os cristãos não devem entender suas aflições como indicação da reprovação divina, mas, sim, regozijar-se nelas como oportunidades graciosamente oferecidas para glorificarem o nome do Senhor. Deus não castiga seu povo por quem Cristo morreu, pois nossa punição pelo pecado foi colocada sobre Cristo. Seu Filho sofreu em nosso lugar para que pudéssemos ser absolvidos.

Portanto, é incorreto dizer que os crentes sofrem a ira de Deus. O castigo mencionado aqui pelo apóstolo é medida corretiva de Deus que têm o objetivo de nos levar para mais perto dele.

Entristecido, mas sempre alegre. As tristezas de Paulo vinham das circunstâncias; sua alegria emanava de sua comunhão com Deus. Ele se alegrava não nas circunstâncias, mas apesar delas (Atos 16:19-26). Sua alegria não era nem presença de coisas boas nem ausência de coisas ruins. Sua alegria era uma Pessoa. Sua alegria era Jesus. A fonte da sua alegria não estava na terra, mas no céu; não nos homens, mas em Deus.

Pobre, mas enriquecendo a muitos (2Coríntios 6:10). Paulo não era como os falsos apóstolos que ganhavam dinheiro mercadejando a Palavra. Paulo era pobre. A palavra *ptokós,* usada por Paulo, significa extremamente pobre, miserável, indigente, destituído. Descreve a pobreza abjeta de quem não tem, literalmente, nada e que está num perigo real e iminente de morrer de fome. A palavra *ptokós* significa penúria completa, como aquela de um mendigo. Ele não tinha dinheiro, mas tinha um tesouro mais precioso do que todo o ouro da terra, o bendito evangelho de Cristo. Ele enriquecia as pessoas não com coisas materiais, mas com bênçãos espirituais.

Nada tendo, mas possuindo tudo. Paulo não possuía riquezas terrenas, mas era herdeiro daquele que é o dono de todas as coisas. O ímpio tem posse provisória, mas o cristão é dono de todas as coisas que pertencem ao Pai.

Somos herdeiros de Deus e coerdeiros com Cristo. O ímpio pode ter tudo aqui, mas nada levará. Nós, nada tendo aqui, possuímos tudo.

QUANDO SOFREMOS PELA IGREJA DE DEUS

O apóstolo Paulo, em 2Coríntios 11:23-33, destaca seis aspectos do seu sofrimento:

Em primeiro lugar, *trabalhos extenuados*. "... em trabalhos, muito mais..." (2Coríntios 11:23). Paulo foi imbatível nesse item. Não apenas suplantou em muito os falsos apóstolos nesse particular, mas trabalhou até mesmo mais do que os legítimos apóstolos de Cristo (1Coríntios 15:10). O ministério de Paulo não teve pausa. Ele trabalhou diuturnamente, sem intermitência, com saúde ou doente; em liberdade ou na prisão; na fartura ou passando necessidades. Jamais deixou de trabalhar pela causa de Cristo.

Em segundo lugar, *castigos físicos extremados*. "... muito mais em prisões; em açoites, sem medida; em perigos de morte, muitas vezes. Cinco vezes recebi dos judeus uma quarentena de açoites menos um; fui três vezes fustigado com varas; uma vez, apedrejado..." (2Coríntios 11:23-25). Destacamos aqui os vários castigos sofridos por Paulo.

As prisões. Paulo foi preso várias vezes. O livro de Atos relata sua prisão em Filipos, em Jerusalém, em Cesareia e em Roma. Paulo passou boa parte da sua atividade apostólica preso. Ele podia estar encarcerado, mas a Palavra de Deus não estava algemada. Era um embaixador em cadeias. Jamais se sentiu prisioneiro de homens, mas sempre prisioneiro de Cristo.

Os açoites. Não foram poucas as ocasiões em que Paulo foi açoitado. O livro de Atos não é exaustivo nesses relatos. Temos informação de que ele foi açoitado em Filipos, mas, em muitas outras vezes, seu corpo foi surrado a ponto de ele dizer aos gálatas que trazia no corpo as marcas de Cristo (Gálatas 6:17). Cinco vezes recebeu dos judeus 39 açoites. Esse castigo era tão severo que muitos não resistiam. Os açoites eram o método judaico, baseado em Deuteronômio 25:2-5. A pessoa tinha as suas duas mãos presas a um poste, e suas roupas eram removidas, de modo que seu peito ficava descoberto. Com um chicote feito de uma correia de couro de bezerro e duas de couro de jumento, ligadas a um longo cabo, a pessoa recebia um terço das 39 chicotadas no tórax e dois terços nas costas.

Os perigos de morte. O ministério de Paulo foi turbulento. Não teve folga nem descanso. Aonde ele chegava, havia um tumulto para matá-lo. Foi perseguido em Damasco, apedrejado em Listra, açoitado em Filipos, escorraçado de Tessalônica, enxotado de Bereia, levado ao tribunal em Corinto, perturbado em Éfeso, preso em Jerusalém, acusado em Cesareia, picado por uma víbora em Malta e decapitado em Roma.

O flagelo de ser fustigado com varas. Se a quarentena de açoites era um castigo judaico (Deuteronômio 25:1-3), fustigar com varas era um castigo romano. Paulo sofreu castigo tanto de judeus quanto de gentios. O livro de Atos só relata os açoites que Paulo sofreu em Filipos. Mas aqui ele nos informa que três vezes foi fustigado com varas.

O apedrejamento. Paulo foi apedrejado em Listra e arrastado da cidade como morto. Deus o levantou milagrosamente para dar prosseguimento a seu trabalho missionário. A vida de Paulo é um milagre; seu sofrimento, um monumento; suas cicatrizes, seu vibrante testemunho.

Em terceiro lugar, *viagens perigosas.* "... em naufrágio, três vezes; uma noite e um dia passei na voragem do mar; em jornadas, muitas vezes; em perigos de rios, em perigos de salteadores, em perigos entre patrícios, em perigos entre gentios, em perigos na cidade, em perigos no deserto, em perigos no mar, em perigos entre falsos irmãos" (2Coríntios 11:25,26). As viagens de Paulo foram aventuras épicas, cercadas sempre de muitos perigos. O livro de Atos só relata o naufrágio que Paulo enfrentou em sua viagem para Roma, e obviamente, quando Paulo escreveu essa carta, ela ainda não havia ocorrido. Portanto, Paulo enfrentou quatro naufrágios. Não sabemos onde nem quando, mas um dia e uma noite ficou à deriva, na voragem do mar. Nas suas andanças, enfrentou perigos nos mares, nos rios, nas cidades e no deserto. Enfrentou perigos entre judeus e gentios. Enfrentou perigos no meio dos pagãos e também entre falsos irmãos.

Em quarto lugar, *privações e necessidades dolorosas.* "em trabalhos e fadigas, em vigílias, muitas vezes; em fome e sede, em jejuns, muitas vezes; em frio e nudez" (2Coríntios 11:27). Paulo trabalhava não só na obra, mas também para seu sustento, e isso com fadiga. Dormia pouco e trabalhava muito. Tinha senso de urgência. Nas suas jornadas a pé ou de navio, passou fome e sede muitas vezes. Não poucas vezes, a situação era tão grave que, mesmo tendo pão, preferia jejuar. Nem sempre tinha roupas suficientes e adequadas para as estações geladas do inverno. Enfrentou frio e também nudez.

Em quinto lugar, *preocupação com todas as igrejas*. "Além das cousas exteriores, há o que pesa sobre mim diariamente, a preocupação com todas as igrejas" (2Coríntios 11:28). A atitude de Paulo em relação aos falsos apóstolos era gritantemente diferente. Enquanto eles se abasteciam das igrejas, Paulo se desgastava por amor a elas, e isso diariamente. Enquanto Paulo usava sua autoridade para fortalecer as igrejas, eles usavam as igrejas para fortalecer sua autoridade. Enquanto Paulo trabalhava para servir às igrejas, eles se abasteciam das igrejas. Enquanto eles esbofeteavam os crentes no rosto, Paulo carregava os fardos dos crentes no coração. As outras experiências haviam sido exteriores e ocasionais, mas o peso das igrejas era interior e constante.

Em sexto lugar, *fuga ignominiosa*. "Em Damasco, o governador preposto do rei Aretas montou guarda na cidade dos damascenos, para me prender; mas, num grande cesto, me desceram por uma janela da muralha abaixo, e assim me livrei das suas mãos" (2Coríntios 11:32,33).

UMA SARAIVADA DE PROBLEMAS

No auge da narrativa de seus sofrimentos, Paulo fala da experiência humilhante em Damasco. Paulo descreve de forma vívida a primeira situação de sofrimento após sua conversão. Entrou na cidade de Damasco para prender os crentes, e ele agora é quem estava preso. Os judeus resolveram tirar-lhe a vida e vigiaram os portões da cidade (Atos 9:23,24) para ele não fugir, enquanto o governador gentio também montava guarda na porta para o prender (2Coríntios 11:32). O livramento de Paulo não teve nada de espetacular. Ele escapou de forma humilhante. Para Paulo, essa fuga clandestina de Damasco era o pior dos açoites. O valente Paulo precisa fugir de forma inusitada na calada da noite. Essa fuga ignominiosa de Damasco que Paulo narra contém pouquíssimos elementos de que ele pudesse vangloriar-se. É o primeiro de muitos "perigos de morte" que ele experimentou. Esses primeiros acontecimentos o marcam profundamente. E precisamente essa imagem da recordação revela de forma singular sua "fraqueza".

Paulo conclui essa listagem de sofrimento, jogando uma pá de cal na presunção de seus oponentes. Enquanto eles se gloriavam em suas virtudes e realizações, Paulo diz: "Se tenho de gloriar-me, gloriar-me-ei no que diz respeito à minha fraqueza" (2Coríntios 11:30). Paulo sabia que sua autoridade não vinha de suas habilidades, mas de seu chamado (Romanos 1:1,5); não de sua força, mas de sua fraqueza; não de seus feitos, mas de suas cicatrizes.

Quando nosso sofrimento é bênção, e não castigo

No início de 2Coríntios 12, Paulo descreve seu arrebatamento ao terceiro céu e sua visão gloriosa. Viu coisas que não é lícito ao homem referir. Depois da glória, porém, vem a dor; depois do êxtase, vem o sofrimento. Em 2Coríntios 12:7-10, Paulo faz uma transição das visões celestiais para o espinho na carne. Deus sabe equilibrar em nossa vida as bênçãos e os fardos, o sofrimento e a glória. Que contraste gritante entre as duas experiências do apóstolo! Passou do paraíso à dor, da glória ao sofrimento. Provou a bênção de Deus no céu e sentiu os golpes de Satanás na terra. Paulo passou do êxtase do céu à agonia da terra. Vamos examinar alguns pontos importantes.

Em primeiro lugar, *o sofrimento é inevitável*. Paulo dá seu testemunho: "E, para que não me ensoberbecesse com a grandeza das revelações, foi-me posto um espinho na carne, mensageiro de Satanás, para me esbofetear, a fim de que não me exalte" (2Coríntios 12:7). Não há vida indolor. É impossível passar pela vida sem sofrer. O sofrimento é inevitável. O sofrimento de Paulo é tanto físico quanto espiritual. Elencamos aqui dois aspectos do sofrimento do apóstolo.

O espinho na carne. O que seria esse espinho na carne de Paulo? Há muitas ideias e nenhuma resposta conclusiva. Calvino acreditava que o espinho na carne eram as tentações espirituais. Lutero achava que eram as perseguições dos judeus. A palavra grega *skolops*, "espinho", só aparece aqui em todo o Novo Testamento. Trata-se de qualquer objeto pontiagudo. Era a palavra usada para estaca, lasca de madeira ou ponta do anzol. O que era esse espinho na carne de Paulo? Muitas respostas têm sido dadas. Vejamos algumas delas:

– *Perturbações espirituais*. Calvino acreditava que o espinho na carne de Paulo consistia nessas tentações que o afligiam. Trata-se das limitações de uma natureza corrompida pelo pecado, os tormentos da tentação, ou a opressão demoníaca.

– *Perseguição e oposição*. Lutero pensava que o espinho na carne de Paulo eram as muitas e variadas perseguições sofridas tanto nas mãos dos judeus, como nas mãos dos gentios.

– *Enfermidades físicas*. A lista abrange desde a epilepsia, gagueira, enxaqueca, ataques de malária até deficiência visual. A maioria dos estudiosos concorda que esse termo *skolops* deve ser interpretado literalmente, isto é, Paulo suportava dor física. Pessoalmente sou inclinado a pensar que esse espinho na carne era uma deficiência visual de Paulo (Atos 9:9; Gálatas 4:15; 6:11; Romanos 16:22; Atos 23:5).

A oração não atendida. Assim como Jesus orou três vezes no Getsêmani para Deus afastar-lhe o cálice e o Pai não o atendeu, mas enviou um anjo para o consolar; Paulo orou também três vezes para Deus remover o espinho de sua carne, mas a resposta de Deus não foi a remoção do espinho, mas a força para suportá-lo. Deus nem sempre nos livra do sofrimento, mas nos dá graça para enfrentá-lo vitoriosamente. Paulo orou na aflição: orou ao Senhor, orou com insistência e especificamente, e mesmo assim Deus lhe disse não.

Em segundo lugar, *o sofrimento é indispensável*. Assim como Jesus aprendeu pelas coisas que sofreu, também aprendemos pelo sofrimento. Por que o sofrimento é indispensável?

Para evitar a soberba. O espinho na carne impediu que Paulo inchasse ou explodisse de orgulho diante das gloriosas visões e revelações do Senhor. O sofrimento nos põe em nosso devido lugar. Ele quebra nossa altivez e esvazia toda nossa pretensão de glória pessoal. É o próprio Deus quem nos matricula na escola do sofrimento. O propósito de Deus não é nossa destruição, mas nossa qualificação para o desempenho do ministério. O fogo da prova não pode chamuscar sequer um fio de cabelo da nossa cabeça; ele só queima nossas amarras. O fogo das provas nos livra das amarras, e Deus nos livra do fogo.

O apóstolo Paulo diz que o espinho na carne era um mensageiro de Satanás. Ao mesmo tempo que o mensageiro de Satanás infligia sofrimento ao apóstolo, esbofeteando-lhe com golpes fulminantes, Deus tratava com seu servo, usando essa estranha providência, para o manter humilde. O campo de atuação de Satanás é delimitado por Deus. Satanás intenciona esbofetear Paulo; Deus intenciona aperfeiçoar o apóstolo.

Para gerar dependência constante de Deus. "Por causa disto, três vezes pedi ao Senhor que o afastasse de mim" (2Coríntios 12:8). O sofrimento levou Paulo à oração. O sofrimento nos mantém de joelhos diante de Deus para nos colocar de pé diante dos homens. Paulo sabe que Deus está no controle, não Satanás. Se Satanás realizasse seu desejo, ele teria preferido que o apóstolo Paulo fosse orgulhoso em vez de humilde. Os interesses de Satanás seriam muito melhor servidos se Paulo fosse se tornar insuportavelmente arrogante.

Para mostrar a suficiência da graça. "Então, ele me disse: A minha graça te basta, porque o poder se aperfeiçoa na fraqueza. De boa vontade, pois, mais me gloriarei nas fraquezas, para que sobre mim repouse o poder de Cristo" (2Coríntios 12:9). A graça de Deus é melhor do que a vida. A graça de Deus é que nos capacita a enfrentar vitoriosamente o sofrimento. A graça de Deus é o tônico para a alma aflita, o remédio para o corpo frágil, a força que põe de pé o caído. A graça de Deus é a provisão de Deus para tudo de que precisamos, quando precisamos. A graça nunca está em falta. Ela está continuamente disponível. Não devemos orar por vida fácil. Devemos orar para sermos homens e mulheres capacitados pela graça. Não devemos orar por tarefas iguais ao nosso poder, mas orar por poder igual às nossas tarefas.

Para trazer fortalecimento de poder. O poder de Deus se aperfeiçoa na fraqueza. Quando somos fracos, aí é que somos fortes. Esse é o grande paradoxo do cristianismo.

A força que sabe que é forte, na verdade é fraqueza, mas a fraqueza que sabe que é fraca, na verdade é força. O poder de Deus revela-se nos fracos. Paulo pediu para Deus substituição, mas Deus lhe deu transformação. Deus não removeu sua aflição, mas lhe deu capacitação para enfrentá-la vitoriosamente. Deus não deu explicações a Paulo; fez-lhe promessas: "A minha graça te basta". Não vivemos de explicações; vivemos de promessas. Nossos sentimentos mudam, mas as promessas de Deus são sempre as mesmas.

O poder de Deus é suficiente para o cansaço físico. Paulo suportou toda sorte de privações físicas: fome, sede e nudez. Suportou todo tipo de perseguição: foi açoitado, apedrejado, fustigado com varas e preso. Enfrentou todo tipo de perigos: de rios, de mares, de desertos, no campo, na cidade, entre estrangeiros, entre patrícios e até no meio de falsos irmãos. Enfrentou toda sorte de pressões emocionais: preocupava-se dia e noite com as igrejas. Mas o poder de Deus o sustentou em todas essas circunstâncias.

Em terceiro lugar, *o sofrimento é pedagógico*. A vida é a professora mais implacável: primeiro, dá a prova e, depois, a lição. C. S. Lewis disse que "Deus sussurra em nossos prazeres e grita em nossas dores". A dor sempre tem um propósito, mais que uma causa. Deus não desperdiça sofrimento na vida de seus filhos. Se Deus não remove o espinho é porque ele está trabalhando em nós, para depois trabalhar por meio de nós.

Vejamos algumas lições importantes destacadas por Charles Stanley em seu livro *Como lidar com o sofrimento*: *Há um propósito divino em cada sofrimento*. Há um propósito divino no sofrimento. No começo dessa carta, Paulo diz que o nosso sofrimento e a nossa consolação são instrumentos usados por Deus para abençoar outras pessoas (2Coríntios 1:3). Na escola da vida, Deus está nos preparando para sermos consoladores. Quando Deus não remove "o espinho", é porque tem uma razão. Deus sempre tem um propósito no sofrimento. O propósito é de não nos ensoberbecermos.

É possível que Deus resolva revelar-nos o propósito do nosso sofrimento. No caso de Paulo, Deus decidiu revelar-lhe a razão de ser do "espinho": evitar que o apóstolo ficasse orgulhoso. Quando Paulo orou, nem perguntou por que estava sofrendo; apenas pediu a remoção do sofrimento. Não é raro Deus revelar as razões do sofrimento. Ele revelou a Moisés a razão por que não lhe seria permitido entrar na terra prometida. Disse a Josué por que ele e seu exército haviam sido derrotados em Ai. O nosso sofrimento tem por finalidade nos humilhar, nos aperfeiçoar, nos burilar e nos usar. É possível também que Deus não nos dê explicações diante do sofrimento. Foi o que aconteceu com o patriarca Jó. Ele perdeu seus bens, seus filhos, sua saúde, o apoio de sua mulher e de seus amigos, e, diante de seus questionamentos, nenhuma explicação lhe foi dada. Deus restaurou sua sorte, mas não lhe deu a razão de seu sofrimento.

Deus nunca nos repreende se perguntarmos por que sofremos, ou se pedirmos que ele remova o sofrimento. Não há evidência de que Deus tenha repreendido Paulo pelo fato de ele ter-lhe pedido que removesse o espinho. Deus entende nossa fraqueza. Espera que clamemos quando estivermos passando por sofrimento. Deus nos manda lançar sobre ele toda a nossa ansiedade.

O sofrimento pode ser um dom de Deus. Temos a tendência de pensar que o sofrimento é algo que Deus faz contra nós, e não por nós. Jacó disse: "... Tendes-me privado de filhos: José já não existe, Simeão não está aqui, e ides levar a Benjamim! Todas estas cousas me sobrevêm" (Gênesis 42:36). O espinho de Paulo era uma dádiva, porque, por meio desse incômodo, Deus protegeu Paulo daquilo que ele mais temia – ser desqualificado espiritualmente (1Coríntios 9:27). Ele sabia que o orgulho destrói. Viu-o como algo que Deus fez a seu favor, e não contra ele.

Satanás pode ser o agente do sofrimento. Espere um pouco: é Satanás ou Deus quem está por trás do espinho na carne de Paulo? Como é que um mensageiro de Satanás pode cooperar para o bem de um servo de Deus? Parece uma contradição total. A inferência é que Deus, na sua soberania, usa os mensageiros de Satanás na vida dos seus servos. As bofetadas de Satanás não anulam os propósitos de Deus, mas contribuem para eles. Até mesmo os esquemas satânicos podem ser usados em nosso benefício e no avanço do reino de Deus. O diabo intentou contra Jó para afastá-lo de Deus, mas só conseguiu colocá-lo mais perto do Senhor.

Deus nos conforta em nossas adversidades. A resposta que Deus deu a Paulo não era a que ele esperava nem a que ele queria, mas era a que ele precisava. Deus respondeu a Paulo que ele não o havia abandonado. Não sofria sozinho. Deus estava no controle da sua vida e operava nele com eficácia.

A graça de Deus é suficiente nas horas de sofrimento. Deus não deu a Paulo o que ele pediu; deu-lhe algo melhor, melhor que a própria vida, a sua graça. A graça de Deus é melhor que a vida; pois por ela enfrentamos o sofrimento vitoriosamente. O que é graça? É a provisão de Deus para cada uma das nossas necessidades. O nosso Deus é o Deus de toda a graça (1Pedro 5:10).

Pode ser que Deus decida que é melhor não remover o sofrimento. De todos os princípios, esse é o mais difícil. Quantas vezes já pensamos e falamos: "Senhor por que estou sofrendo? Por que desse jeito? Por que até agora? Por que o Senhor ainda não agiu?". Joni Eareckson ficou tetraplégica e numa cadeira de rodas dá testemunho de Jesus. Fanny Crosby ficou cega com 42 dias e morreu aos 92 anos sem jamais perder a doçura. Escreveu mais de 4 mil hinos. Dietrich Bonhoeffer foi enforcado no dia 9 de abril de 1945 numa prisão nazista. Se Deus não remover o sofrimento, ele nos assistirá em nossa fraqueza, nos consolará com sua graça e nos assistirá com seu poder.

Nossa alegria não se baseia na natureza de nossas circunstâncias. O que determina a vida de um indivíduo não é o que lhe acontece, mas como reage ao que lhe acontece. Não é o que as pessoas lhe fazem, mas como responde a essas pessoas. Há pessoas que são infelizes tendo tudo; há outras que são felizes não tendo nada. A felicidade não está fora, mas dentro de nós. Há pessoas que pensam que a felicidade está nas coisas: casa, carro, trabalho, renda. Mas Paulo era feliz mesmo passando por toda sorte de adversidades (2Coríntios 11:24-27). Mesmo passando por todas essas lutas, é capaz de afirmar: "Pelo que sinto prazer nas fraquezas, nas injúrias, nas necessidades, nas perseguições, nas angústias, por amor de Cristo. Porque, quando sou fraco, então é que sou forte" (2Coríntios 12:10). O mesmo Paulo comenta em sua carta aos Filipenses: "Digo isto, não por causa da pobreza, porque aprendi a viver contente em toda e qualquer situação. Tanto sei estar humilhado como também ser honrado; de tudo e em todas as circunstâncias, já tenho experiência, tanto de fartura como de fome; assim de abundância como de escassez" (Filipenses 4:11,12).

A chave para crescermos nos sofrimentos é vê-los em função do amor por Cristo. Paulo sofria por amor a Cristo. Sua razão de viver era glorificar Cristo. O que importava era agradar a Cristo, servir a Cristo, tornar Cristo conhecido. Jim Elliot, o missionário mártir entre os índios aucas, disse: "Não é tolo perder o que não se pode reter, para ganhar o que não se pode perder". Deus pode usar até o nosso sofrimento para sua glória. Paulo diz aos filipenses que as coisas que lhe aconteceram contribuíram para o progresso do evangelho (Filipenses 1:12).

Em quarto lugar, *o sofrimento é passageiro*. O sofrimento deve ser visto à luz da revelação do céu, do paraíso. O sofrimento do tempo presente não é para se comparar com as glórias por vir a serem reveladas em nós (Romanos 8:18). A nossa leve e momentânea tribulação produz para nós eterno peso de glória (2Coríntios 4:14-16). Aqueles que têm a visão do céu são os que triunfam diante do sofrimento. Aqueles que ouvem as palavras inefáveis do paraíso são os que não se intimidam com o rugido do leão.

Deus mostrou a glória da herança antes do fogo do sofrimento. Deus abriu as cortinas do céu antes de apontar as areias esbraseantes do deserto. O sofrimento é por breve tempo; o consolo é eterno. A dor vai passar; o céu jamais! A caminhada pode ser difícil. O caminho pode ser estreito. Os inimigos podem ser muitos. O espinho na carne pode doer. Mas a graça de Cristo nos basta. Só mais um pouco, e nós estaremos para sempre com o Senhor. Então o espinho será tirado, as lágrimas serão enxugadas, e não haverá mais pranto, nem luto, nem dor.

CAPÍTULO 9

UM HOMEM SOB ATAQUE

O mesmo Paulo que já havia enfrentado prisões e açoites enfrentará agora uma série de solavancos existenciais: prisão, acusação e conspiração. Neste capítulo, vamos examinar a prisão de Paulo em Jerusalém e Cesareia.

NÃO ESPERE GRATIDÃO, MAS CADEIAS E TRIBULAÇÕES

Paulo estava indo a Jerusalém para levar as ofertas levantadas entre as igrejas gentílicas para os pobres da Judeia. Seu coração estava cheio de amor, e suas mãos, cheias de dádivas. Sua motivação era a mais pura, e seu propósito, o mais elevado. Porém, os judeus pagaram o bem com o mal. Em vez de alegrarem-se com sua generosidade, conspiraram contra Paulo para matá-lo.

Paulo testemunha aos presbíteros de Éfeso, na cidade de Mileto, que não sabia o que aconteceria em Jerusalém, mas o Espírito Santo lhe assegurava que de cidade em cidade cadeias e tribulações o esperavam (Atos 20:22,23). Ao despedir-se dos presbíteros de Éfeso, Paulo tem o pressentimento de que não mais veriam o seu rosto (Atos 20:38). Ao chegar a Cesareia, foi fortemente alertado por um profeta judeu, chamado Ágabo, de que seria preso em Jerusalém e entregue nas mãos dos gentios (Atos 21:10,11). Diante dessa profecia, Lucas e os irmãos que estavam em Cesareia tentaram demover Paulo de prosseguir viagem para Jerusalém (Atos 21:12), mas este respondeu: "... Que fazeis chorando e quebrantando-me o coração? Pois estou pronto não só para ser preso, mas até para morrer em Jerusalém pelo nome do Senhor Jesus" (Atos 21:13). Diante da irredutibilidade de Paulo, os irmãos se conformaram e capitularam ante a vontade de Deus (Atos 21:14).

Paulo e sua comitiva partiram, pois, de Cesareia para Jerusalém. Ali chegando, foram recebidos com alegria pelos irmãos da igreja (Atos 21:16,17). Depois de dar um minucioso relatório do quanto Deus fizera por seu intermédio à liderança da igreja, foi alertado de que os judeus de Jerusalém nutriam informações distorcidas do seu trabalho missionário. Um boato circulava entre esses judeus de que Paulo estaria engajado numa missão anti-Moisés, pervertendo a lei e os costumes judaicos (Atos 21:18-26).

Os judeus vindos da Ásia, ao ver Paulo no templo com seus companheiros de viagem, alvoroçaram todo o povo e o agarraram, gritando: "... Israelitas, socorro! Este é o homem que por toda parte ensina todos a serem contra o povo, contra a lei e contra este lugar; ainda mais, introduziu até gregos no templo e profanou este recinto sagrado" (Atos 21:28). Paulo foi arrastado com violência de dentro do templo para fora, as portas foram fechadas, e a cidade de Jerusalém se amotinou. O intento dos judeus era matar o apóstolo. Já o espancavam quando o comandante e seus soldados desfizeram o levante ensandecido. Arrebatado das mãos da multidão sanguissedenta, Paulo foi acorrentado e passou a ficar sob custódia do comandante e sua escolta (Atos 21:29-33).

Diante do vozerio ensurdecedor da multidão amotinada, que gritava infrene "Mata-o! Mata-o!", Paulo foi recolhido à fortaleza. Enquanto era carregado para a fortaleza, pediu permissão para falar ao povo. Da escada da fortaleza, dirigiu-se à multidão, que silenciosamente o escutou (Atos 21:34-40).

Paulo então dá o seu testemunho, narrando sua trajetória desde o seu nascimento em Tarso da Cilícia. Falou sobre seus estudos aos pés de Gamaliel em Jerusalém e de sua implacável disposição de sufocar e exterminar a religião cristã, ainda no seu nascedouro. Paulo disse à multidão furiosa que um dia também odiou a religião do Caminho com todas as forças da sua alma. Disse que prendeu e lançou em cárceres homens e mulheres. Contou que entrava nas sinagogas para prender e açoitar os que criam em Cristo. Declarou que esteve por trás do assassinato do primeiro mártir do cristianismo, o diácono Estêvão. Contou, de forma vívida, como saíra de Jerusalém rumo a Damasco para prender e levar manietados os discípulos de Cristo para Jerusalém. Porém, antes de prender os cristãos, foi capturado por Jesus, ao ver uma luz aurifulgente e ouvir uma voz poderosa. Ali, enquanto seus olhos foram cegados, os olhos da sua alma se abriram, e compreendeu que aquele a quem estava perseguindo era o próprio Senhor, o Filho de Deus.

Paulo dirige-se à multidão dizendo que, ao estar em Jerusalém, pregando e ensinando, foi dispensado pelo próprio Deus de seu trabalho. Deus lhe fechava a porta em Jerusalém, mas abria-lhe uma janela para o mundo. Deus encerrava seu ministério entre os patrícios, mas o enviava para longe, aos gentios (Atos 22:1-21). Os judeus ouvem o discurso de Paulo até o momento em que ele faz referência aos gentios. Então novamente a multidão se alvoroça, a ponto de gritar e arrojar de si suas capas, atirando poeira para os ares. Por questão de segurança, Paulo foi recolhido à fortaleza. O comandante, perplexo diante da situação, mandou que Paulo fosse açoitado para saber os detalhes de tão inflamada oposição. Nesse momento, o velho apóstolo valeu-se de seu direito de cidadão romano e evitou que sofresse mais uma surra (Atos 22:22-30).

UM CORDEIRO NO MEIO DE LOBOS

Quando o comandante descobriu que Paulo era cidadão romano, passou a tratá-lo com deferência e convocou os principais sacerdotes e todo o sinédrio a fim de que Paulo pudesse se explicar. Agora, o mesmo apóstolo que já se havia defendido diante da multidão alvoroçada, dirige-se ao sinédrio enraivecido. Bastou que Paulo abrisse a boca para afirmar que estava servindo a Deus com boa consciência para que levasse uma bofetada no rosto por ordem do sumo sacerdote. Os representantes e fiscais da lei quebravam a lei em nome da lei (Atos 23:1-5).

Com refinada sagacidade, Paulo tirou proveito da divisão interna do sinédrio. Sabendo que esse egrégio concílio era formado de saduceus e fariseus; sabendo que os saduceus eram teólogos progressistas e liberais que não acreditavam na ressurreição nem na existência dos anjos e de espíritos, posicionou-se como fariseu e disse que estava sendo perseguido por causa das crenças defendidas pelos fariseus. Essa atitude atraiu imediata simpatia do grupo dos fariseus, e os dois grupos começaram a se desentender no meio da reunião. A estratégia de Paulo funcionou. O grupo que estava ali para ouvi-lo engalfinhou-se em tal celeuma que o comandante resolveu tirar Paulo do alvoroço e recolhê-lo à fortaleza (Atos 23:6-10).

UMA CONSPIRAÇÃO AMEAÇADORA

Enquanto quarenta judeus se reuniam para jurar Paulo de morte (Atos 23:12-15), Deus se revelou a ele a fim de lhe dar forças e descortinar-lhe novos horizontes. Na noite seguinte ao alvoroço do sinédrio, recolhido ainda à fortaleza, o Senhor pôs-se ao lado de Paulo e lhe disse: "... Coragem! Pois do modo por que deste testemunho a meu respeito em Jerusalém, assim importa que também o faças em Roma" (Atos 23:11).

A conspiração dos judeus para matar Paulo foi feita com juramento de que não comeriam nem beberiam e seriam considerados malditos enquanto não assassinassem Paulo. Esse pacto foi selado e comunicado aos principais sacerdotes e anciãos. O comandante deveria trazer Paulo novamente ao sinédrio para uma investigação mais detalhada. Antes de Paulo chegar à reunião, eles o atacariam e o matariam (Atos 23:12-15).

Por providência divina, um sobrinho de Paulo descobriu a trama em tempo oportuno, entrou na fortaleza e avisou a Paulo o que estava acontecendo nos sórdidos bastidores do sinédrio. Paulo enviou seu sobrinho ao comandante, e este foi avisado do plano traiçoeiro. Diante das pressões da massa, da conspiração dos judeus radicais e da parcialidade do sinédrio, o comandante resolveu enviar Paulo ao governador Félix, sob forte proteção, livrando o bandeirante do cristianismo de uma morte prematura (Atos 23:16-25).

A PRISÃO DE PAULO EM CESAREIA

Cláudio Lísias escreve uma carta ao governador Félix e, sob a proteção de uma escolta, envia Paulo a Cesareia, não sem antes dar seu parecer de que Paulo era inocente e não merecia nem mesmo estar preso, quanto mais ser alvo de uma conspiração de morte. Lísias informa a Félix que os judeus estavam determinados a matar Paulo pela engenhosidade da traição por questões puramente religiosas. E, porque esse velho missionário era cidadão romano, não o podia entregar ao alvitre de uma turba tão alvoroçada e sanguinária. Ao chegar a Cesareia, lida a carta de Cláudio Lísias, Félix ouve Paulo e, sabedor de que ele era da província da Cilícia, recolhe-o à prisão até que seus acusadores apresentem contra ele a peça de acusação. Cinco dias depois, o sumo sacerdote Ananias, acompanhado de alguns anciãos e aparelhado de um orador profissional chamado Tértulo, viaja para Cesareia e comparece diante do governador para apresentar o libelo acusatório contra Paulo. Tecendo elogios rasgados ao governador, Tértulo tenta ganhá-lo para seu lado. Com retórica rebuscada, esse profissional da oratória, profere acusações pesadas e levianas contra o apóstolo, chamando-o de peste. Conspurca-lhe o caráter, denigre-lhe o nome, lança sobre sua honra os mais aviltantes insultos. Desprovido de conhecimento, na contramão dos fatos, Tértulo falseia a verdade ao dizer que Paulo promovia sedições entre os judeus dispersos por todo o mundo. Maliciosamente, estadeia diante do governador a acusação de que Paulo era o principal agitador da seita dos nazarenos. Ainda acusa Paulo de profanar o templo, razão pela qual os judeus o prenderam para julgá-lo diante do sinédrio. Em seu discurso tendencioso, eivado de mentiras escabrosas, Tértulo ainda alfineta o comandante Cláudio Lísias, dizendo que este havia arrebatado Paulo de suas mãos com grande violência para enviá-lo a Cesareia.

Cessada a verborragia desse paladino da mentira, Paulo tem a oportunidade de fazer sua defesa. Com palavras breves, com refinada retórica, o bandeirante do cristianismo põe por terra o discurso de Tértulo, desmantelando ponto por ponto todas as acusações assacadas contra ele. Paulo ressalta que o propósito de sua visita a Jerusalém não foi profanar o templo, mas trazer generosas ofertas aos pobres da Judeia, levantadas entre as igrejas gentílicas. Também afirmou que estava sendo acusado pelo sinédrio exatamente pelas mesmas convicções que os fariseus, membros do sinédrio, defendiam, qual seja, a doutrina da ressurreição dos mortos.

O governador interessou-se por conhecer um pouco mais o cristianismo, chamado de religião do Caminho. Mantendo Paulo preso e tratando-o com urbanidade, aguardou a chegada do comandante Cláudio Lísias para prosseguir com o julgamento. Nesse ínterim, Félix, acompanhado de sua mulher, uma judia chamada Drusila, resolve ouvir Paulo particularmente acerca da fé em Cristo Jesus. Sem perder a oportunidade, Paulo disserta para o governador e sua mulher acerca da justiça, do domínio próprio e do juízo vindouro. Essa mensagem contundente deixa Félix amedrontado. Em vez de curvar-se ao poder do evangelho, Félix dribla sua consciência, tapa os ouvidos à voz de Deus e busca novas oportunidades para receber alguma propina de Paulo, uma vez que ele havia trazido das províncias da Macedônia e Acaia grandes somas de dinheiro para os pobres da Judeia.

A prisão de Paulo estendeu-se por dois anos em Cesareia, e nenhuma decisão foi tomada a seu respeito. Ao cabo desse tempo, o governador Félix foi substituído por Pórcio Festo. Por interesses pessoais, buscando alcançar o favor dos judeus, Félix manteve Paulo preso nesses dois anos. A justiça negada a Paulo em Jerusalém nas mãos dos judeus também lhe foi negada em Cesareia nas mãos dos romanos. Se Paulo estava sendo alvo de uma conspiração de morte por parte dos judeus por motivos religiosos, ele estava prestes a ser entregue à morte pelos romanos por motivos políticos e financeiros. A justiça estava ausente em ambos os tribunais, judaico e romano.

Ao assumir o governo da província, três dias depois, Festo subiu de Cesareia a Jerusalém, permanecendo lá cerca de oito a dez dias, tempo suficiente para os judeus tentarem aliciar o governador, rogando-lhe que enviasse Paulo a Jerusalém, com a intenção firme de armar ciladas contra ele para matá-lo. Não cedendo de imediato ao desiderato dos judeus, Festo instruiu aos requerentes da pugna que descessem com ele a Cesareia a fim de apresentarem contra Paulo, no tribunal, suas acusações. Assim foi feito. Os judeus apresentaram contra Paulo muitas e graves acusações, todas, porém, sem a evidência de provas. Paulo se defende dizendo que jamais havia cometido qualquer pecado contra a lei dos judeus, contra o templo ou mesmo contra César.

Os interesses políticos novamente suplantaram a justiça. Festo, buscando ganhar o favor dos judeus, disse a Paulo: "... Queres tu subir a Jerusalém e ser ali julgado por mim a respeito destas cousas?" (Atos 25:9). Os judeus, os governadores romanos (Félix e Festo), bem como Paulo sabiam que a intenção de levá-lo a Jerusalém não era seu julgamento pelo critério da verdade, mas a sua morte promovida por uma cilada judaica. Sem titubear, Paulo responde ao covarde e tendencioso governador romano: "... Estou perante o tribunal de César, onde convém seja eu julgado; nenhum agravo pratiquei contra os judeus, como tu muito bem sabes. Caso, pois, tenha eu praticado algum mal ou crime digno de morte, estou pronto para morrer; se, pelo contrário, não são verdadeiras as cousas de que me acusam, ninguém, para lhes ser agradável, pode entregar-me a eles. Apelo para César" (Atos 25:10,11). A resposta de Paulo é uma reprovação severa à postura frouxa, covarde e tendenciosa do governador e um aguilhão na consciência dos judeus. Paulo estava pronto para morrer, mas não sem antes defender os seus direitos. Estava pronto para morrer, mas não para servir aos interesses escusos de homens que vendiam sua consciência por vantagens imediatas.

Diante da impossibilidade de Festo lograr alguma vantagem ou favor político por parte dos judeus no julgamento de Paulo, o governador atende à solicitação do apóstolo e decide enviá-lo a Roma (Atos 25:12).

Uma vez que a querela dos judeus contra Paulo não alcançara seu propósito, Paulo foi guardado na prisão até ocasião oportuna de enviá-lo a Roma. Nesse ínterim, chegam a Cesareia o rei Agripa e sua mulher Berenice para saudarem o novo governador romano na província de Cesareia. Compartilhando com eles o embate dos judeus contra Paulo e reconhecendo que os judeus não fizeram nenhuma acusação de peso contra o réu, senão aquelas ligadas à sua religião, Agripa demonstrou interesse em ouvir também esse prisioneiro que estava causando tanto reboliço.

Numa audiência onde não faltou pompa e luxo, Paulo é trazido à presença de Agripa. A intenção de Festo era encontrar alguma informação que lhe pudesse servir de base para construir a peça de acusação contra esse judeu de cidadania também romana. Paulo então tem permissão para falar. Com brilhantismo, eloquência e poder, num discurso rebuscado de rara beleza, Paulo abre o coração para narrar o que Jesus havia feito em sua vida.

Paulo relembra sua vida pregressa quando andava na ignorância e nas trevas. Naquele tempo, era um carrasco, um perseguidor implacável, um monstro celerado, pois perseguia com fúria incessante e rigor desmesurado os cristãos. Seu intento era banir da terra a religião do Caminho, a chamada seita dos nazarenos, insurgindo-se contra o nome de Cristo e seus fiéis seguidores. Para alcançar seu propósito, andou por todas as sinagogas de Israel e nações vizinhas, açoitando os crentes, manietando-os, forçando-os a blasfemar e os levando prisioneiros à cidade de Jerusalém. Foi com esse específico desiderato que, como embaixador do sinédrio judaico, foi a Damasco.

Diante de um auditório atento, Paulo prossegue seu discurso, narrando sua dramática experiência no caminho de Damasco. Diz ele que estava ainda no caminho, na entrada de Damasco, quando subitamente, uma luz aurifulgente caiu sobre ele, uma voz como de trovão ribombou das alturas e o jogou ao chão, e ele, caído, vencido, domado, ouviu aquela voz fuzilando seu coração: "... Saulo, Saulo, por que me persegues? Dura cousa é recalcitrares contra os aguilhões" (Atos 26:14). Já transformado e convertido, perguntou: "... Quem és tu, Senhor?...". E Senhor respondeu: "... Eu sou Jesus, a quem tu persegues" (Atos 26:15).

De forma vívida, Paulo mostrou ao seu seleto auditório como Jesus o havia tirado das trevas para a luz e o havia enviado aos gentios para abrir-lhes os olhos da alma, anunciando-lhes a luz de Cristo. Em seu discurso, Paulo deu testemunho da ressurreição de Cristo, deixando claro que o mesmo Jesus que havia vencido a morte também transformara sua vida e o comissionara a ser um instrumento para a salvação dos gentios. Nesse momento, o governador Festo o interrompeu em alta voz: "... Estás louco, Paulo! As muitas letras te fazem delirar" (Atos 26:24). Mas Paulo respondeu com firmeza: "... Não estou louco, ó excelentíssimo Festo! Pelo contrário, digo palavras de verdade e bom senso" (Atos 26:25).

Então Paulo volta-se para o rei Agripa, encurrala-o dentro das cercas da sua própria consciência e pergunta-lhe: "Acreditas, ó rei Agripa, nos profetas? Bem sei que acreditas" (Atos 26:27). Agripa, que era testemunha de todas aquelas verdades, tentando escapar, procurando fugir do cerne da questão e livrar-se das mãos do Deus todo-poderoso, tergiversa, atalha, contorna, fica em cima do muro e diz: "... Por pouco me persuades a me fazer cristão" (Atos 26:28).

Agripa sente-se comovido. Na verdade, o testemunho de Paulo era verdadeiro. Agripa está cônscio de que Cristo é o Salvador do mundo, mas, movido pelo orgulho, não abre seu coração. Com medo de perder seu prestígio político, abafa a voz da consciência, envergonhado de render-se à verdade. Agripa perde a grande oportunidade de sua vida e rejeita o evangelho. Ao recusar-se a crer em Jesus, fechou atrás de si a única porta da salvação e deixou de colocar os pés no único caminho que poderia reconciliá-lo com Deus. Agripa ficou no quase, e o quase o deixou imerso nas trevas mais espessas.

A audiência chegou ao fim, os convidados se dispersaram, e a opinião de Agripa é a de que Paulo poderia ter sido solto caso não tivesse apelado para César. Ir a Roma não era apenas um desejo de Paulo, mas também um propósito de Deus. E para lá é que o apóstolo dos gentios deve ir.

Capítulo 10

A VIAGEM DE PAULO A ROMA

Nós escolhemos o destino da nossa viagem, mas não a maneira de chegarmos lá. Planejamos as coisas, mas não temos o poder de garantir sua execução. Muitas vezes, planejamos uma coisa e acontece outra. Fazemos planos, mas a resposta certa vem do Senhor. O sonho de Paulo era ir a Roma, mas ele chega à cidade de Roma preso, depois de um naufrágio, após perder tudo.

A nossa vida é como uma viagem, às vezes tempestuosa. Muitos escritores têm retratado a vida como uma viagem. Homero, em seu livro *Odisseia*, descreve a vida como uma viagem. John Bunyan, em seu livro *O peregrino*, descreve a vida do cristão como a caminhada de um homem pelos perigos até chegar ao Paraíso. Na jornada da vida, passamos por caminhos cheios de espinhos, despenhadeiros íngremes, pântanos lodacentos, pinguelas estreitas e desertos causticantes.

Essa viagem de Paulo a Roma não é uma alegoria, mas uma dramática realidade, com muitas lições oportunas.

Mesmo quando estamos fazendo a vontade de Deus e também a nossa, encontramos tempestades pela frente.

O sonho de Paulo era ir a Roma e, dali, à Espanha (Romanos 1:14-16; 15:28). Quando Paulo foi preso em Jerusalém, Deus lhe disse que queria que ele desse testemunho também em Roma (Atos 23:11). Portanto, era da expressa vontade de Deus que Paulo fosse a Roma. Mas, quando ele embarcou para Roma, enfrentou uma terrível tempestade. Nem sempre estaremos na contramão da vontade de Deus quando enfrentarmos tempestades. Quando estivermos passando por tempestades, Deus estará nos guiando. Quando nossos olhos estiverem embaçados pelas brumas espessas e pelo nevoeiro denso da tempestade, podemos ter a garantia de que a mão de Deus ainda estará nos dirigindo. Deus enxerga no escuro. A tempestade pode arrancar o leme das nossas mãos, e o nosso navio pode estar fora do nosso controle, mas não fora do controle de Deus. Podemos chegar como náufragos em uma ilha, tendo apenas a vida como despojo, mas Deus ainda estará nos guiando para realizarmos seus soberanos propósitos (Atos 27:26).

Este texto nos apresenta quatro verdades importantes:

Em primeiro lugar, *nas tempestades da vida precisamos estar atentos às placas de sinalização de Deus* (Atos 27:9-20). A segurança de uma viagem depende da obediência à sinalização no caminho. Desobecer à sinalização é entrar em rota de colisão e enveredar-se por caminhos de morte. Há quatro fatos dignos de nota neste texto:

A advertência (Atos 27:10). Quando Paulo e seus companheiros de viagem embarcaram para Roma, a viagem parecia segura e tranquila. Era um bom barco. Havia um comandante e marinheiros experientes. Os passageiros estavam em segurança. Mas, logo que começaram a viagem, começaram a soprar os ventos contrários (Atos 27:4). Chegou a um ponto que Paulo os admoestava, dizendo: "... vejo que a viagem vai ser trabalhosa, com dano e muito prejuízo, não só da carga e do navio, mas também da nossa vida" (Atos 27:10).

Eles não ouviram o conselho de Paulo, e logo veio um tufão e tirou o navio da mão deles. A maioria dos acidentes é provocado por pessoas que transgridem as leis, não observando as placas e as advertências à beira do caminho. Dessa maneira, elas põem em risco a sua vida e a dos outros. Um carro pode ser uma arma mortal se o seu condutor não atentar para as placas de sinalização.

Em dezembro do ano 2000, fiz uma viagem de carro com a família, de Jackson, Mississippi, à cidade de Boston, Massachusetts. Naquela semana, os noticiários alertavam para o perigo das estradas. Estava chovendo e também nevando. Preocupado com a longa viagem de mais de 2 mil quilômetros, pensei em desistir. Mas, não desejando frustrar o grande amigo pastor Dalzir da Silva, que me havia convidado para pregar em sua igreja, resolvi iniciar a viagem. Saímos bem cedo e, por volta do meio-dia, paramos para almoçar já no Estado de Alabama. Por volta das 13h30, reiniciamos a viagem. A temperatura estava abaixo de zero, e uma chuva fina caía no asfalto. De repente, entrei numa longa ponte e avistei que no final dela havia uma aglomeração de pessoas. Segundos depois, percebi que o carro estava sem controle. Não havia aderência, estávamos em cima de uma fina crosta de gelo. O carro, desgovernado, girava sobre a ponte, fazendo piruetas, enquanto clamávamos, aflitos, pela intervenção de Deus. Em questão de segundos, atravessamos a ponte, e o carro bateu de lado no para-choque de uma picape, que também havia se desgovernado, e foi parar numa vala, entre as duas pistas. O automóvel arrebentou-se todo, mas, pela providência divina, fomos poupados da morte. Naquele dia, pude compreender que não é seguro viajar sem observar os sinais de perigo.

O descrédito (Atos 27:11). A Bíblia diz: "Mas o centurião dava mais crédito ao piloto e ao mestre do navio do que ao que Paulo dizia". O centurião deve ter pensado: esse Paulo pode saber alguma coisa de Bíblia, mas não entende nada de mar. Assim, o centurião desprezou a advertência de Paulo e prosseguiu viagem. Não é seguro seguir pelas estradas da vida sem observar os sinais.

A voz da maioria nem sempre é a voz de Deus (Atos 27:12). A maioria deles era de opinião que partissem e não ouvissem o conselho de Paulo. A maioria nem sempre está com a razão. A maioria nem sempre discerne a vontade de Deus. Seguir a cabeça da maioria pode nos colocar em grandes encrencas.

Quem não escuta conselho, escuta coitado (Atos 27:13-20). O insensato tapa os ouvidos aos conselhos e colhe os frutos amargos da sua desobediência. Há cinco resultados colhidos dessa indisposição de ouvir a advertência.

Primeiro, *a aparente segurança* (Atos 27:13). Logo que zarparam de Creta, em desobediência à advertência de Paulo, perceberam que soprava um vento brando, e o mar estava esmaltado por águas tranquilas. Certamente, deve ter havido um buchicho dentro do navio, zombando dos conselhos de Paulo. O vento brando faz muita gente confundir as circunstâncias da vida. Por um momento, parecia que Paulo estava errado e a maioria, certa.

Segundo, *o perigo* (Atos 27:14). Depois do vento brando, repentinamente a circunstância mudou, e surgiu um tufão. A crise chegou. O mar se revoltou. Sempre que deixamos de observar as placas de Deus ao longo da estrada da vida, corremos o risco de sérios acidentes. De repente, o tufão chega, a vida se transtorna, e tudo vira de cabeça para baixo. Os acidentes acontecem repentinamente. Eles surgem inesperadamente. Basta seguir no caminho sem observar as placas que mais cedo ou mais tarde o acidente acontecerá.

Terceiro, *a impotência* (Atos 27:15). A fúria dos ventos era tão rigorosa que eles perderam o controle do navio. O navio já não obedecia mais ao comando. O leme já não estava mais nas mãos daqueles que conduziam o batel. O navio ficou à deriva. As coisas fugiram do controle, e a vida ficou de ponta-cabeça.

Quarto, *o prejuízo* (Atos 27:18,19). Precisaram aliviar o navio e jogar seus bens fora para salvar a vida. Houve um grande prejuízo e muitas perdas financeiras. O caminho da desobediência é um caminho de muitos desastres, inclusive financeiro. Singrar as águas para a viagem da vida sem atender às advertências de Deus é candidar-se ao naufrágio.

Quinto, *a desesperança* (Atos 27:20). Diz o historiador Lucas que "dissipou-se, afinal, toda a esperança de salvamento". O centurião, os marinheiros, a tripulação e os 276 prisioneiros que estavam embarcados naquele navio perderam completamente a esperança de sobrevivência. A morte parecia inevitável. Eles haviam chegado ao fim da linha, ao fundo do poço, ao desespero fatal.

Em segundo lugar, *nas tempestades da vida precisamos olhar para Deus, e não para as circunstâncias* (27:21-44). O desânimo é epidêmico; ele é capaz de tirar o oxigênio da esperança de todos em questão de segundos. Apenas dez espias incrédulos levaram toda uma nação ao fracasso no deserto. O relato pessimista de dez homens provocou a morte de mais de 1 milhão de pessoas e transformou o deserto do Sinai no maior cemitério da história. A história de Israel seria muito diferente se apenas os dois espias confiantes em Deus, Josué e Calebe, tivessem relatado os acontecimentos à nação. Vejamos algumas verdades sublimes:

Na tempestade, precisamos encorajar as pessoas (Atos 27:21,22). Quando toda a esperança se dissipou, Paulo se posicionou como um agente da vida. Ele não ficou dizendo: eu avisei, benfeito! Agora estamos perdidos. Agora vamos morrer todos. Agora vocês se virem. É fácil pisar em quem já está caído. É fácil esmagar a cana quebrada. É fácil atar mais um fardo de culpa sobre aquele que já está derrotado pelas circunstâncias da vida. Paulo procurou uma alternativa para mudar a crise. Na tempestade, não procure culpados; procure solução. Todo problema traz uma semente de vitória!

Na tempestade, abandone o medo (Atos 27:22). No fragor da tempestade, quando todos estavam desesperados, Paulo disse: "...já agora, vos aconselho bom ânimo". Paulo não está tomado de medo; ele está tomado de fé. O medo é inimigo da fé. O medo aumenta a sensação de perigo, drena suas forças e embaça os seus olhos.

Na tempestade, abra seus olhos para a intervenção de Deus (Atos 27:23-26). Lembre-se, quando você estiver na sua noite mais escura, pensando que está sozinho, Deus está com você. Ele é Deus Emanuel, que não vai embora na hora da sua crise. Na jornada da fé, tem tempestade, mas também tem Deus conosco. Tem fornalha ardente, mas tem o quarto Homem. Tem cova de leões, mas tem o anjo do Senhor fechando a boca dos leões. Deus não desampara você. Ele está com você. Paulo disse: "Porque, esta mesma noite, um anjo de Deus, de quem eu sou e a quem sirvo, esteve comigo, dizendo: Paulo, não temas! [...] Portanto, senhores, tende bom ânimo! Pois eu confio em Deus que sucederá do modo por que me foi dito" (Atos 27:23-25).

Na tempestade, precisamos lançar nossas âncoras (Atos 27:29). Na hora das nossas lutas, precisamos lançar as nossas âncoras. Eles lançaram quatro âncoras. Quais são essas âncoras?

Primeiro, *a âncora da fé*. Na tempestade, creia que Deus está no controle. Ele ainda não completou a obra na sua vida. O último capítulo da sua vida ainda não foi escrito. Edméia Williams, uma grande amiga e irmã, pregadora das mais ilustradas, tem um ministério social de grande envergadura no morro Santa Marta, no Rio de Janeiro. Ela construiu um barraco de tábuas nesse morro para cuidar de crianças carentes. Um dia, caiu um grande temporal, e o barraco desabou. Lá estava a imprensa e muita gente questionando por que o único barraco que havia caído era o barraco da Missão Evangélica. Edméia chorou e perguntou: "Deus, como vai ficar a tua honra?". Deus então segredou ao seu coração: "Para construir um edifício de três andares, eu preciso derrubar esse barraco de tábuas". Edméia construiu um prédio de três andares no lugar em que estavam os escombros daquele barraco de tábuas. Quando as coisas parecem confusas, perdidas e olhamos para a vida e vemos um montão de escombros, Deus pode levantar desses escombros um projeto maior e mais seguro. Em lugar de um barraco, Deus pode lhe dar um prédio!

Segundo, *a âncora da esperança*. Uma coisa é lançar a âncora da esperança quando tudo dá certo; outra coisa é esperar em Deus quando tudo parece errado. A Bíblia diz que Abraão esperou contra a esperança. Ele empurrou um carrinho de bebê aos 99 anos, mesmo sabendo que sua mulher nogentésima era estéril. Ele creu e esperou em Deus apesar das circunstâncias, e Deus o fez pai de grandes multidões. Em vez de lamentar e murmurar, espere em Deus. Aquiete a sua alma, e saiba que Deus é poderoso para o guardar da fúria dessa tempestade.

Terceiro, *a âncora da oração* (Atos 27:29). Quando os recursos da terra acabam, os recursos de Deus continuam ilimitados. Quando o homem trabalha, o homem trabalha; mas, quando o homem ora, Deus trabalha. Eles começaram a orar para o dia romper. Ore para o seu dia romper. Ore para que a luz chegue. O choro pode durar uma noite, mas a alegria vem pela manhã. Quando o dia amanheceu (Atos 27:39), eles chegaram em uma ilha. Eles perderam tudo, mas se agarraram à vida como o maior patrimônio. Deus nos leva para onde nós nunca esperamos, para a realização de seus planos soberanos.

Quarto, *a âncora da certeza* (Atos 27:26). Paulo disse aos náufragos: "... é necessário que vamos dar a uma ilha". Existem coisas que são necessárias. Era necessário dar a uma ilha (Atos 27:26), porque ali Deus tinha um campo missionário para o apóstolo Paulo. É necessário passar pela tempestade. Esse necessário de Deus levou Paulo para uma ilha como sobrevivente, como náufrago, sem nada. Às vezes, as pessoas pensam que vamos sair da tempestade ricos e abastados, mas Paulo saiu dessa tempestade só com a vida, e foi a partir daí que Deus começou um novo projeto em sua história!

Em terceiro lugar, *nas tempestades da vida precisamos nos distinguir dos demais* (Atos 28:1-6). A tempestade é como uma encruzilhada: uns tomam o caminho certo, outros seguem pelas veredas da morte. A crise sempre revela quem somos: ela aponta os vencedores e denuncia os covardes. É do ventre da crise que surgem os maiores líderes. O texto em apreço ensina-nos quatro preciosas lições.

Aproxime-se da fogueira (Atos 28:1,2). Quando chegaram à ilha de Malta, estava chovendo e fazendo frio (Atos 28:2). Os bárbaros malteses cuidaram daqueles tripulantes e de 276 prisioneiros com singular humanidade, acendendo uma fogueira para eles. Na tempestade, precisamos lutar pela vida. Não adianta ficar revoltado com a crise, perder o ânimo de continuar lutando. Não adianta desesperar nem revoltar-se contra Deus. Há pessoas que, quando começam a ter lutas, procuram se afastar da luz, fecham o coração para Deus, endurecem a cerviz e se unem com gente ainda mais amargurada. A luta não é um ponto final, mas uma escada para você ir de fé em fé, de força em força e de glória em glória. Na tempestade, volte-se para Deus. Mantenha seu coração aquecido pela devoção. Não desista de lutar pela vida, glorifique a Deus. Aproxime-se do calor.

Cate gravetos para alimentar a fogueira (Atos 28:3). O centurião, os marinheiros e os presos estavam todos apenas desfrutando do calor da fogueira. Eles só estavam pensando em resolver o problema imediato e nada fizeram para alimentar aquela fogueira. Paulo, porém, buscou gravetos para jogar na fogueira. Ele disse: eu vou ajudar, vou arranjar mais combustível para esse fogo. Você precisa fazer investimento para o futuro. Você precisa de azeite na sua candeia. Você precisa de combustível para alimentar as chamas que o aquecem.

As víboras estão soltas;cuidado com elas (Atos 28:3). As víboras se manifestarão quando você estiver buscando aquecer sua vida. Quando Paulo estava jogando um feixe de gravetos na fogueira, uma víbora grudou na mão dele. Então os malteses disseram: "... Certamente, este homem é assassino, porque, salvo do mar, a Justiça não o deixa viver" (Atos 28:4). Os malteses, sem saber, estavam desenterrando o passado de Paulo. De fato, ele tinha sido um assassino. Ele foi um cruel perseguidor da igreja. Quando o sinédrio apedrejou o diácono Estêvão, os algozes depositaram suas vestes aos pés de Paulo. Quando, porém, o diabo vier lembrar a você o seu passado, lembre-o do futuro dele. O seu passado já foi resolvido na cruz. Lá seus pecados foram cancelados. Mas o futuro do diabo é o lago de fogo, onde será atormentado eternamente.

Jogue a víbora no fogo (Atos 28:5). Paulo balançou a mão e jogou a víbora no fogo. Ele tirou o veneno da sua vida. Use o escudo da fé e apague esses dardos inflamados do diabo. Não abra brechas em sua vida para essas investidas do inimigo. A especialidade do inimigo é lançar veneno. O diabo é a antiga serpente. Essa serpente é sagaz, sedutora e mortífera. Precisamos lançar a víbora no fogo e sacudir de nós esse veneno!

Em quarto lugar, *nas tempestades da vida precisamos ser fortalecidos pelas promessas de Deus* (Atos 28:2-10). O texto em apreço tem quatro promessas preciosas que são tônico para o coração e lenitivo para a alma.

Deus pode levantar pessoas desconhecidas para ajudar você (Atos 28:2). Deus levantou os bárbaros para ajudar Paulo e seus companheiros de viagem. Deus pode levantar os ímpios, seus parentes, gente de longe, para abençoar você, para ajudá-lo em sua crise. Deus pode fazer coisas inusitadas para socorrê-lo em sua aflição. Quando os seus recursos acabam, os celeiros de Deus ainda continuam abarrotados. Ponha sua confiança no provedor, mais do que na provisão.

Deus é poderoso para o proteger de todo o mal (Atos 28:6). "mas eles esperavam que ele viesse a inchar ou a cair morto de repente...". O poder do livramento de Deus é maior do que o veneno da víbora. Maior é aquele que está em nós do que aquele que está no mundo. Deus é o nosso escudo. Ele é o nosso protetor. Estamos escondidos com Cristo em Deus. Ele é a nossa cidade-refúgio. Estamos seguros nos braços do Eterno.

Aqueles que rotularam você terão de mudar de parecer a seu respeito (Atos 28:6). As mesmas pessoas que disseram que Paulo era um assassino, que esperavam que ele fosse inchar e cair morto, mudaram de parecer acerca dele.

Quando você cuida do seu caráter, Deus cuida da sua reputação. Quando você anda de forma irrepreensível, os críticos terão de se render à verdade incontroversa de que você é de Deus e terão de mudar de parecer a seu respeito.

A ilha do seu naufrágio pode ser a terra da sua oportunidade (Atos 28:10). Paulo chegou em Malta como um prisioneiro e um náufrago, depois de perder tudo. Mas ele ora pelo pai de Públio, o homem principal da ilha, e ele é curado (Atos 28:8). À vista disso, os demais enfermos da ilha vieram, e foram curados (Atos 28:9). Então abastecem Paulo de tudo o que ele precisava para sua viagem a Roma. Agora, podemos entender por que Atos 27:26 diz que era necessário a Paulo dar a uma ilha. A ilha de Malta não era um acidente, mas uma agenda. Não foi a tempestade que os levou a Malta, mas a mão providente de Deus. A ilha de Malta estava nos planos de Deus. Quando você vir as coisas fugindo de controle e sua vida à deriva, saiba que a mão de Deus pode estar conduzindo o barco da sua vida para que você cumpra propósitos mais elevados. Quando você olhar para o cenário da vida e só enxergar escuridão e não conseguir mais enxergar a luz do céu nem o brilho das estrelas, saiba que Deus enxerga no escuro e ele está dirigindo você para o centro da sua soberana vontade. Um milagre de Deus está a caminho, na sua direção. O que é dificuldade para você é oportunidade para Deus. Glorifique o Senhor!

CAPÍTULO 11

A PRIMEIRA PRISÃO EM ROMA

Paulo desejou ir a Roma várias vezes, mas sempre foi impedido de realizar seu sonho (Romanos 1:1-13). Queria chegar à capital do império e visitar os crentes com alegria para recrear-se no meio deles (Romanos 15:32). Tinha convicção de que chegaria à igreja de Roma na plenitude da bênção de Cristo (Romanos 15:29). Também desejava fazer da igreja de Roma seu novo quartel-general, sua base missionária para chegar à Espanha, última fronteira do império do lado ocidental (Romanos 15:24,28).

O tempo de Deus não é o nosso. Paulo foi impedido de ir a Roma no tempo que queria ir e da forma que desejava. Porque não pôde visitar a igreja de Roma dentro desse tempo planejado por ele, acabou escrevendo à igreja. Se Paulo tivesse visitado a igreja, talvez fôssemos privados desse grande tesouro que é sua carta aos Romanos. Quando nossos caminhos parecem fechados, Deus está abrindo-nos uma porta maior. Os propósitos de Deus não podem ser frustrados. Os caminhos de Deus são mais altos do que os nossos. Os impedimentos de Deus estavam na agenda de Deus para um benefício maior, não apenas da igreja de Roma, mas de todos os cristãos, de todos os tempos.

Contudo, a visita de Paulo a Roma não era apenas sonho de Paulo; era também projeto de Deus. Quando Paulo foi preso em Jerusalém, ao testemunhar ousadamente perante o sinédrio judaico, o próprio Deus apareceu a ele numa visão e lhe disse: "... Coragem! Pois do modo por que deste testemunho a meu respeito em Jerusalém, assim importa que também o faças em Roma" (Atos 23:11).

Diante da pusilanimidade do rei Festo, que estava inclinado a ceder à pressão e sedução dos judeus para entregar Paulo nas mãos de seus patrícios, este apelou para ser julgado em Roma (Atos 25:10), no que foi imediatamente atendido (Atos 25:12).

Como vimos no capítulo anterior, sua viagem para Roma foi tumultuada e cheia de percalços. Paulo chegou a Roma como um prisioneiro depois de enfrentar um terrível naufrágio. Durante dois anos, ficou detido numa prisão domiciliar em Roma (Atos 28:30), na companhia de um soldado da guarda pretoriana, que o guardava (Atos 28:16; Filipenses 1:13). Nessa prisão domiciliar, numa casa alugada por ele mesmo, tinha liberdade para receber as pessoas e instruí-las (Atos 28:23). Nesse tempo, pregou o reino de Deus com toda a intrepidez, e sem nenhum impedimento ensinava as coisas referentes ao Senhor Jesus Cristo (Atos 28:31).

PAULO, UM ESCRITOR PROLÍFICO

Paulo foi o maior escritor da nova dispensação. Escreveu treze dos 27 livros do Novo Testamento. De Corinto, escreveu suas duas cartas à igreja de Tessalônica, nas quais fez uma sublime abordagem sobre a escatologia, a doutrina das últimas coisas, e a carta aos Gálatas, uma consistente e robusta defesa da fé cristã. De Éfeso, escreveu suas duas cartas a Corinto. A primeira carta para resolver sérios problemas que estavam minando a igreja, como divisões, intrigas, imoralidade, desvios quanto à liberdade cristã, à doutrina da ceia, dos dons e da ressurreição. Na segunda carta, a missiva mais pessoal do apóstolo, ele faz uma defesa contundente do seu apostolado. No fim da terceira viagem missionária, antes de viajar para Jerusalém, possivelmente de Corinto, escreveu sua carta aos Romanos, o maior tratado teológico do Novo Testamento.

De sua primeira prisão em Roma, Paulo escreveu quatro cartas: Efésios, Filipenses, Colossenses e Filemom. A carta aos Efésios é o maior tratado eclesiológico do Novo Testamento. A carta aos Colossenses foca sua atenção na doutrina de Cristo, sendo um robusto compêndio de cristologia. A carta a Filemom é uma epístola pessoal do apóstolo, dirigida a um crente de Colossos, cuja igreja se reunia em sua casa. Paulo escreve a Filemom para realçar a necessidade de ele perdoar o seu escravo fugitivo, Onésimo, agora convertido e filho na fé do velho apóstolo. Sua última carta da primeira prisão foi Filipenses. Esta é a missiva da alegria. Nessa carta, Paulo testemunha que as coisas que lhe aconteceram contribuíram para o progresso do evangelho (Filipenses 1:12). Que coisas aconteceram a Paulo? Ele foi perseguido em Damasco, rejeitado em Jerusalém, esquecido em Tarso, apedrejado em Listra, açoitado e preso em Filipos, escorraçado de Tessalônica, enxotado de Bereia, chamado de tagarela em Atenas e de impostor em Corinto. Enfrentou feras em Éfeso, foi preso em Jerusalém, acusado em Cesareia. Enfrentou um naufrágio na viagem para Roma e foi picado por uma cobra em Malta. Chegou em Roma preso e algemado. Estava, agora, na antesssala do martírio, no corredor da morte, com o pé na sepultura e a cabeça na guilhotina de Roma. Mas olhava para essas circunstâncias pelos óculos da providência divina, dizendo que elas, longe de destruí--lo, contribuíram para o progresso do evangelho.

Paulo, um embaixador em cadeias

Paulo jamais se considerou prisioneiro de César, mas prisioneiro de Cristo. Jamais murmurou atribuindo a Satanás suas cadeias. Embora Satanás tenha intentado contra ele, nunca Paulo o considerou como o agente de seus sofrimentos. Quem estava no comando de sua agenda não era o inimigo, mas Deus. Paulo não acreditava em casualidade nem em determinismo. Ele sabia que a mão da Providência o guiava até mesmo na prisão. Ele foi perseguido, odiado, caluniado, açoitado, enclausurado, mas jamais viu os seus adversários como agentes autônomos nessa empreitada. Ele sempre olhou para os acontecimentos na perspectiva da soberania e do propósito de Deus. Considerava-se embaixador em cadeias. Estava preso, mas a Palavra de Deus estava livre. Paulo considerava o evangelho mais importante que o evangelista; a obra, mais importante que o obreiro. A divulgação do evangelho é mais importante que o mensageiro. Por isso, na prisão Paulo foca sua atenção na proclamação do evangelho, e não em si mesmo. Não importa se o obreiro vive ou morre, desde que o evangelho seja anunciado (Filipenses 1:20). Porque ele estava preso, três coisas maravilhosas aconteceram:

Em primeiro lugar, *a igreja tornou-se mais ousada para pregar*. Eis o testemunho do veterano apóstolo: "e a maioria dos irmãos, estimulados no Senhor por minhas algemas, ousam falar com mais desassombro a palavra de Deus" (Filipenses 1:14). A perseguição não pode destruir a obra de Deus. Pelo contrário, ela a promove. A igreja de Deus jamais foi destruída por tribulações e cadeias. As cadeias de Paulo foram um tônico para a igreja, combustível para alimentar a evangelização.

Em segundo lugar, *toda a guarda pretoriana conheceu o evangelho*. Paulo faz o seguinte registro: "de maneira que as minhas cadeias, em Cristo, se tornaram conhecidas de toda a guarda pretoriana e de todos os demais" (Filipenses 1:13). A guarda pretoriana era corporação de elite do palácio do imperador. Era a guarda de escol do império, a guarda imperial de Roma. Era a tropa de elite instalada no palácio do imperador. Tratava-se de soldados que transitavam no palácio e cuidavam da proteção do próprio imperador. Foi instituída por Augusto e compreendia um corpo de 10 mil soldados escolhidos. Augusto a havia mantido dispersa por toda a Roma e aldeias. Tibério a concentrou em Roma, em um edifício especial com um campo fortificado. Vitélio aumentou o número dessa guarda para 16 mil. Ao final de dezesseis anos de serviço, esses soldados recebiam a cidadania romana. Essa guarda passou a ser quase o corpo de guarda privado do imperador. Nos dois anos em que Paulo ficou preso em Roma, aproveitou o ensejo para evangelizar cada soldado encarregado de sua segurança. O rodízio dessa guarda era um verdadeiro campo missionário para o embaixador em cadeias. Ao cabo de dois anos, toda a guarda pretoriana e todos os demais ouviram as boas-novas do evangelho. Dia e noite, durante dois anos, Paulo era preso a um soldado dessa guarda por uma algema. Visto que cada soldado cumpria um turno de seis horas, a prisão de Paulo abriu caminho para a pregação do evangelho no regimento mais seleto do exército romano, a guarda imperial. Paulo, no mínimo, podia pregar para quatro homens todos os dias. Toda a guarda pretoriana sabia a razão pela qual Paulo estava preso, e muitos desses soldados foram alcançados pelo evangelho. O resultado é que Paulo encontrou um campo aberto para a evangelização dentro do próprio palácio. Quando escreveu sua carta aos Filipenses, ao remeter saudações à igreja de Filipos, os crentes de Roma enviam saudações àquela igreja coirmã, e Paulo assim escreve: "Todos os santos vos saúdam, especialmente os da casa de César" (Filipenses 4:22).

Em terceiro lugar, *Paulo escreveu cartas que abençoam o mundo.* Porque Paulo estava preso, impedido de visitar as igrejas, escreveu cartas. Porque ele era prisioneiro de Cristo (Efésios 3:1; 4:1) e embaixador em cadeias (Efésios 6:20), pastoreou as igrejas a distância por meio de suas missivas. Essas epístolas (Efésios, Filipenses, Colossenses e Filemom) são verdadeiros tesouros que têm edificado a igreja e fortalecido os cristãos ao longo dos séculos. Certamente o que mais contribuiu para o progresso do evangelho foram essas cartas que Paulo escreveu da prisão. Elas são luzeiros a brilhar. Têm sido instrumento para levar milhões de pessoas a Cristo e edificar o povo de Deus ao longo dos séculos.

Dessa prisão, Paulo saiu. E, ao sair, visitou as igrejas, deixando Timóteo em Éfeso, Tito em Creta, e percorrendo outras regiões, sempre levando a edificação ao povo de Deus. Alguns escritores pensam que nesse tempo Paulo também visitou a Espanha.

No espaço entre sua primeira e segunda prisões, Paulo escreveu duas cartas pastorais: a primeira carta a Timóteo e a carta a Tito, nas quais orientou seus cooperadores como proceder na igreja de Deus.

O velho apóstolo era como uma vela acesa: brilhava com a mesma intensidade até acabar. Paulo era um homem incansável, um espírito irrequieto, um evangelista superlativo, um pregador incomparável. Depois de plantar igrejas nas quatro províncias romanas – Galácia, Macedônia, Acaia e Ásia Menor –, deixa também sua marca na igreja de Roma, ainda que recolhido a uma prisão.

Paulo não granjeou riquezas, mas enriqueceu muitos. Paulo não tinha nada, mas possuía tudo. Paulo não teve filhos naturais, mas gerou milhares de filhos espirituais. Paulo não se casou, mas orienta em suas cartas milhões de casais ainda hoje. Suas cartas inspiradas são monumentos da graça. Seu exemplo, um legado para a igreja em todos os tempos. Suas cadeias, fonte de inspiração para todos os cristãos. Sua morte, uma oferta de libação ao Senhor.

CAPÍTULO 12

A SEGUNDA PRISÃO EM ROMA E O MARTÍRIO

A primeira prisão de Paulo foi por motivação religiosa; a segunda, por motivos políticos. A primeira prisão estava ligada à perseguição judaica; a segunda, vinculada ao decreto do imperador. Da primeira prisão, Paulo saiu para dar continuidade à obra missionária; da segunda prisão, para o martírio.

No ano 49 d.C., o imperador Cláudio expulsou de Roma todos os judeus (Atos 18:2). Muitos deles, a essa altura, já eram cristãos. Mas no ano 64 d.C. houve um terrível incêndio em Roma, e o imperador Nero pôs a culpa dessa tragédia nos judeus e cristãos.

Nero chegou ao poder em outubro do ano 54. Insano, pervertido e mau, era filho de Agripina, mulher promíscua e perversa. Na noite de 18 de julho de 64, um incêndio catastrófico estourou em Roma. O fogo durou seis dias e sete noites. Dez dos quatorze bairros da cidade foram destruídos pelas chamas vorazes.

Segundo alguns historiadores, o incêndio foi provocado pelo próprio Nero, que assistiu a ele do topo da torre de Mecenas, no cume do Paladino, vestido como um ator de teatro, tocando sua lira e cantando versos acerca da destruição de Troia. Pelo fato de dois bairros onde havia grande concentração de judeus e cristãos não terem sido atingidos pelo incêndio, Nero encontrou uma boa razão para culpar os cristãos pela tragédia.

Daí em diante, eclodiu uma sangrenta perseguição contra os cristãos. No governo de Nero, o apóstolo Paulo foi preso e decapitado. Muitas foram as atrocidades e crimes bárbaros que foram perpetrados contra os cristãos nessa época.

Milhares foram amarrados em postes e incendiados vivos, para iluminar as praças e os jardins de Roma à noite. Outros, segundo o historiador Tácito, foram jogados nas arenas, enrolados em peles de animais, para que cães famintos os matassem a dentadas. Outros, ainda, foram lançados no picadeiro para que touros enfurecidos os pisoteassem e esmagassem. A loucura de Nero só não foi mais longe porque em 68 boa parte do império se rebelou contra ele, e o senado romano o depôs. Desesperado, sem ter para onde ir, suicidou-se.

No tempo em que explodiu essa brutal perseguição, Paulo estava fora de Roma, visitando as igrejas. Por ser o líder maior do cristianismo, tornou-se alvo dessa ensandecida cruzada de morte. Possivelmente, quando estava em Trôade, na casa de Carpo, Paulo foi preso pelos agentes de Nero e levado a Roma para ser lançado numa masmorra úmida, fria e insalubre. Dessa prisão, ele escreveu sua última missiva, a segunda carta a Timóteo. Nessa epístola, ele não pede orações para sair da prisão nem tem qualquer expectativa de prosseguir em seu trabalho missionário. O velho apóstolo está convencido de que a hora de seu martírio havia chegado. Ele está agora fechando as cortinas da vida, fazendo um balanço da sua jornada. Pelas lentes do antropocentrismo idolátrico, Paulo encerra a carreira numa grande depressão. Ele que se havia entregado de corpo e alma à causa do evangelho, estava agora sozinho numa masmorra romana, sem dinheiro, sem amigos e passando privações.

Destacaremos alguns pontos fundamentais acerca das atitudes desse bandeirante da fé no momento em que ele estava no corredor da morte.

A VIDA NÃO É SIMPLESMENTE VIVER; A MORTE NÃO É SIMPLESMENTE MORRER

Em 2Timóteo 4:6-8, Paulo faz uma profunda análise do seu ministério e, antes de fechar as cortinas da sua vida, abre-nos uma luminosa clareira com respeito ao seu passado, presente e futuro. Acompanhemos sua análise:

Em primeiro lugar, *Paulo olhou para o passado com gratidão* (2Timóteo 4:7). Paulo está passando o bastão a seu filho Timóteo, mas, antes de enfrentar o martírio, relembra-o de como havia sido sua vida: "Combati o bom combate, completei a carreira, guardei a fé". A vida para Paulo não foi uma feira de vaidades nem um parque de diversões, mas um combate renhido. O apóstolo pode morrer tranquilo porque havia concluído sua carreira, e isso era tudo o que lhe importava (Atos 20:24). Mas também deixa claro que nessa peleja jamais abandonou a verdade nem negou a fé. Não morre bem quem não vive bem. A vida é mais do que viver, e morrer é mais do que morrer.

Em segundo lugar, *Paulo olhou para o presente com serenidade* (2Timóteo 4:6). O veterano apóstolo sabe que vai morrer. Mas não é Roma que lhe vai lhe tirar a vida; é ele quem vai oferecê-la a Deus. Assim escreve Paulo: "Quanto a mim, estou sendo já oferecido por libação, e o tempo da minha partida é chegado". Numa linguagem eufêmica, Paulo fala da sua morte como uma partida. A palavra grega *analyses*, "partida", era usada em três circunstâncias: Primeiro, significa aliviar alguém de uma carga. A morte para Paulo era descansar de suas fadigas (Apocalipse 14:13). Segundo, significa levantar acampamento e deixar a tenda temporária para voltar para casa. A morte para Paulo era mudar de endereço. Era deixar o corpo e habitar com o Senhor (2Coríntios 5:8). Era partir e estar com Cristo, o que é incomparavelmente melhor (Filipenses 1:23). Terceiro, significa desatar o barco e singrar as águas do rio e atravessar para o outro lado. A morte para Paulo era fazer a última viagem da vida, e esta rumo à Pátria celestial. A morte não intimidava Paulo. Ele chegou a afirmar: "... para mim, o viver é Cristo, e o morrer é lucro" (Filipenses 1:21).

Em terceiro lugar, *Paulo olhou para o futuro com esperança* (2Timóteo 4:8). A gratidão do dever cumprido, associada à serenidade de saber que estava indo para a presença de Jesus, dava a Paulo uma gostosa expectativa do futuro. Mesmo que Nero o condenasse e o tribunal de Roma o considerasse culpado, o reto e justo Juiz o consideraria inocente e lhe daria a coroa da justiça. Como que num brado de triunfo diante do martírio, Paulo proclama: "Já agora a coroa da justiça me está guardada, a qual o Senhor, reto juiz, me dará naquele Dia..." (2Timóteo 4:8).

A VITÓRIA NÃO É AUSÊNCIA DE LUTAS, MAS TRIUNFO APESAR DELAS

O céu não é aqui. Aqui não pisamos tapetes aveludados nem caminhamos em ruas de ouro, mas cruzamos vales de lágrimas. Aqui não recebemos os galardões, mas bebemos o cálice da dor. Paulo certamente foi a maior expressão do cristianismo. Viveu de forma superlativa e maiúscula. Pregador incomum, teólogo incomparável, missionário sem precedentes, evangelista sem igual. Viveu perto do Trono, mas, ao mesmo tempo, foi açoitado, preso, algemado e degolado. Tombou como mártir na terra, mas levantou-se como príncipe no céu. Ele não foi poupado dos problemas, mas triunfou no meio deles. Que tipo de luta Paulo enfrentou na antessala do seu martírio?

Em primeiro lugar, *Paulo enfrentou a solidão* (2Timóteo 4:9,11,21). Paulo estava numa cela fria, precisando de um ombro amigo. Sua espiritualidade não anula sua humanidade. Ele roga a Timóteo que venha depressa ao seu encontro. Pede a seu filho na fé para vir antes do inverno e trazer também João Marcos. O gigante do cristianismo está precisando de gente amada ao seu lado, antes de caminhar para o patíbulo. Sua comunhão com Deus não o tornava um super-homem. Dentro do seu peito, batia um coração sedento por relacionamento.

Em segundo lugar, *Paulo enfrentou o abandono* (2Timóteo 4:10). Paulo passou a vida investindo na vida das pessoas, e, na hora que mais precisou de ajuda, foi abandonado e esquecido na prisão. Caminhou sozinho para o Getsêmani do seu martírio, assistido apenas pela graça de Deus.

Em terceiro lugar, *Paulo enfrentou a ingratidão* (2Timóteo 4:16). Paulo se arriscou pelos outros; mas ninguém compareceu em sua primeira defesa para estar do seu lado ou falar em seu favor. Mais perturbador do que o frio gelado que se avizinhava pela chegada do inverno, era a geleira da ingratidão que Paulo tinha de suportar no apagar das luzes de sua jornada na terra.

Em quarto lugar, *Paulo enfrentou a perseguição* (2Timóteo 4:14). Alexandre, o latoeiro, causou-lhe muitos males, resistindo a ele e à sua mensagem. Os historiadores dizem que foi esse Alexandre que delatou Paulo, resultando em sua segunda prisão e consequente martírio na cidade de Roma. Alexandre tornou-se inimigo do mensageiro e da mensagem.

Em quinto lugar, *Paulo enfrentou as privações* (2Timóteo 4:13). Paulo precisava de amigos para a alma, livros para a mente e a capa para o corpo. Ele tinha necessidades físicas, mentais e emocionais. As prisões romanas eram frias, insalubres e escuras. Os prisioneiros morriam de lepra e outras doenças contagiosas. O inverno se aproximava, e Paulo precisava de uma capa quente para enfrentá-lo. Paulo também precisava de livros e dos pergaminhos. Paulo estava no corredor da morte, mas queria aprender mais. Paulo precisava de amigos, roupa e livros. Precisava de provisão para a alma, a mente e o corpo.

Abandonado pelos homens, mas assistido por Deus

O apóstolo dos gentios não está encerrando, frustrado, a carreira. Não está com a alma amargurada. As agruras da terra não empalidecem as glórias do céu. A ingratidão dos homens não enfraquece a assistência abundante de Deus. A graça de Deus assistiu Paulo na hora da morte. Quatro verdades devem ser aqui destacadas:

Em primeiro lugar, *Paulo foi abandonado pelos homens, mas assistido por Deus* (2Timóteo 4:17). Paulo foi vítima do abandono dos homens, mas foi acolhido e assistido por Deus. Assim como Jesus foi assistido pelos anjos no Getsêmani quando seus discípulos dormiram, Paulo também foi assistido por Deus na hora da sua dor mais profunda.

Deus não nos livra do vale, mas caminha conosco no vale. Deus não nos livra da fornalha, mas nos livra na fornalha. Deus não nos livra da cova dos leões, mas nos livra na cova dos leões. Às vezes, Deus nos livra da morte; outras vezes, Deus nos livra através da morte. Em toda e qualquer situação, Deus é o nosso refúgio.

Em segundo lugar, *Paulo não foi poupado das provas, mas recebeu poder para suportá-las* (2Timóteo 4:17). Deus revestiu Paulo de forças para que continuasse pregando até o fim. Paulo foi preso, mas a Palavra estava livre e espalhou-se para todos os gentios. Paulo foi levado ao patíbulo e decapitado, mas sua voz ainda ecoa nos ouvidos da história. Suas cartas são luzeiros no mundo.

Em terceiro lugar, *Deus não livrou Paulo da morte, mas na morte* (2Timóteo 4:18). Paulo não foi poupado da morte, mas libertado através da morte. A morte para ele não foi castigo, perda ou derrota, mas vitória. O aguilhão da morte foi tirado. Morrer é lucro, é precioso, é bem-aventurança, é ir para a Casa do Pai, é entrar no céu e estar com Cristo.

Em quarto lugar, *Paulo não termina a vida com palavras de decepção, mas com um tributo de glória ao Salvador* (2Timóteo 4:18b). Paulo foi perseguido, rejeitado, esquecido, apedrejado, fustigado com varas, preso, abandonado, condenado à morte, degolado, mas, em vez de fechar as cortinas da vida com pessimismo, amargura e ressentimento, termina erguendo ao céu um tributo de louvor ao Senhor.

Posso imaginar a cena... O carrasco recebe um pedaço de couro com o nome de um prisioneiro. Munido de uma tocha de fogo e com um pesado molho de chaves, atravessa longos corredores escuros e gelados. Abre uma pesada porta de ferro e grita com voz cavernosa: "Prisioneiro Paulo! Prisioneiro Paulo! Prisioneiro Paulo!". Do fundo da cela, o velho apóstolo, que trazia as marcas de Cristo no corpo e uma paz transcendente na alma, responde com firmeza: "Sou eu, estou aqui!". Paulo é acorrentado e sai da masmorra, atravessando o corredor da morte. Depois de uma longa caminhada, chegam ao lugar do patíbulo. Antes de colocar a cabeça de Paulo num tosco cepo de madeira para decepá-la com a guilhotina romana, o capataz da morte lhe dá a chance de proferir suas últimas palavras. Esperando que o velho prisioneiro soltasse algum gemido de dor ou algum grito de revolta ou desespero, Paulo, de forma imperturbável, com alegria na alma, ergue ao céu sua última doxologia: "A ele, [o Senhor Jesus Cristo] glória pelos séculos dos séculos. Amém" (2Timóteo 4:18b). A guilhotina afiada, impiedosa e implacável faz tombar na terra esse príncipe de Deus. Sua morte, entretanto, não calou sua voz. Suas cartas ainda falam. Sua voz póstuma é poderosa. Milhões de pessoas são abençoadas ainda hoje pela sua vida e pelo seu legado. Cabe-nos, tão somente, agora, imitar esse homem como ele imitou Cristo (1Coríntios 11:1).

Sua opinião é importante para nós.
Por gentileza, envie-nos seus comentários pelo e-mail:

editorial@hagnos.com.br